COLLECTION
FOLIO ESSAIS

Alain

Propos sur la nature

Propos choisis et classés par Robert Bourgne
Édition établie par Pierre Zachary
Postface de Robert Bourgne

Gallimard

Dans la même collection

ÉLÉMENTS DE PHILOSOPHIE, *n° 150*
ENTRETIENS AU BORD DE LA MER, *n° 329*
RECHERCHE DE L'ENTENDEMENT, *n° 392*
MARS OU LA GUERRE JUGÉE *suivi de* DE QUELQUES-UNES DES CAUSES RÉELLES DE LA GUERRE ENTRE NATIONS CIVILISÉES, *n° 262*
PROPOS SUR LE BONHEUR, *n° 21*
PROPOS SUR LES POUVOIRS, *n° 1*

Émile Chartier, dit Alain, né le 3 mars 1868, mort le 2 juin 1951, écrivain et philosophe, professeur et journaliste, résolument démocrate et pacifiste.

Une œuvre d'ample envergure et de grand style, singulièrement présente au lecteur, fait d'Alain, plus de cinquante ans après sa mort, l'une des plus vigoureuses figures de l'humanisme occidental. Son audience a débordé la sphère francophone, bien qu'il se rencontre peu d'écrivains qui se soient à ce point enracinés dans un sol et une tradition aussi spécifiquement français.

Émile Chartier, Percheron avoué et revendiqué comme tel par sa ville natale de Mortagne, qui lui consacre un musée, est républicain de naissance. Par formation et métier, c'est un technicien de la philosophie, c'est-à-dire un homme qui, de Platon à Hegel, continue une tradition vivante. De là s'élève, dans la khâgne du lycée Henri-IV à Paris, la notoriété d'un professeur admiré par ses élèves, craint par ses pairs. Un esprit dont l'ascendant tient à une indépendance qui ne transige pas, se signale par des jugements impitoyables. Parallèlement, et cette fois par une force de nature prodigue et prompte dans ses engagements, Alain, suscité par l'événement (affaire Dreyfus, séparation de l'Église et de l'État, etc.), devient journaliste. Ainsi impose-t-il sa présence dans la vie politique française de 1906 (apparition du *Propos* quotidien dans *La Dépêche de Rouen*) à 1938 (*Suite à Mars*, lucide et ultime témoignage sur la montée de la Seconde Guerre mondiale), présence dérangeante qui joint la résistance à l'obéissance, pousse à son terme la désacralisation de l'État, maintient au cœur de la démocratie l'essentielle contradiction des pouvoirs et du citoyen. « Des passions politiques assez vives, écrit-il de lui-même, au service d'opinions en somme modérées le conduisirent à soutenir par la plume et aussi pendant plus de vingt ans par la parole la politique de gauche. Au cours de ces luttes mémorables, il connut Jaurès, de Pressensé, Ferdinand Buisson, Séailles, Painlevé, toujours en accord avec eux, quoique indiscipliné par nature. » Voilà ce que recouvre le radicalisme d'Alain : ce n'est pas la doctrine d'un parti politique, c'est la critique radicale du pouvoir comme politique.

POUR SERVIR DE PROLOGUE

Le thème de la nature

« Le thème de la nature [...] est la toile de fond de toutes mes pensées. J'ai déjà fait entendre que je n'ai jamais pu comprendre comment l'on se connaît soi premièrement. Autant que je pouvais deviner la situation de ceux qui pensent subjectivement, je les voyais enfermés dans des rêves et séparés du monde et développant une existence sans fenêtres, à peu près comme les monades de Leibniz, existence où il y avait pourtant des ombres de fenêtres et une sorte de monde au-dehors ; mais le tout était au-dedans et solitaire comme quand nous rêvons. L'analyse serrée de ces fictions insoutenables appartient à la doctrine enseignée ou ésotérique. Mais il n'est pas besoin de se représenter ces raisons assez pénibles à suivre pour vivre et penser délibérément au-dehors ; cela est si naturel ! Là-dessus les moins instruits de mes lecteurs étaient aussi les mieux capables de me suivre. Eux, comme moi, auraient fermé le livre, si la solidité du monde avait seulement été mise en doute. Et je ne crois pas avoir jamais fait autre chose, quand je décrivais, que nettoyer ce monde de toute la buée humaine, et le voir comme il serait sans nous. Et la première illusion

qui devait alors être surmontée était celle de l'horizon, qui en effet n'est pas autre que ce qui m'est près ; et moi-même je suis à l'horizon pour d'autres. Et cette idée si simple est de grande conséquence. Car nous croyons d'abord que les choses inconnues sont autres et nouvelles ; nous le croyons tant que nous les pensons de loin et par conjecture. À voyager l'on apprend au contraire que l'Univers est partout le même. Mais encore mieux on le sait dès que l'on a séparé le monde et l'âme ; j'entends par âme provisoirement ce que nous jugeons faussement être du monde, et qui n'est que de nous. Il y a longtemps que les hommes les plus sages ont vu le monde en ôtant pour ainsi dire leurs lunettes. Toutefois ils les ont remises souvent sur leur nez, peut-être par prudence, peut-être par scrupule de religion et de morale. Pour moi j'ai toujours lu avec étonnement, et dans les livres que je prenais au sérieux, que quelque Dieu avait fait ce monde, et même l'avait fait pour nous, et que cela se voyait bien, par l'ordre, par la constance, par des lois très sages, et enfin par les éclats de la justice céleste. Pour moi, j'avais choisi. Ce que je voulais bien nommer la justice céleste, c'était l'inertie même de ce monde, qui n'offre aucune trace d'intention ni de volonté ; de ce monde fait d'atomes dansants ; de ce monde que la terre solide nous cache si bien, mais que l'océan nous révèle, et qui nous sauve, si nous manœuvrons bien, par les mêmes lois qu'il nous engloutirait. Cette idée, ainsi présentée, ne passe point, par la raison que l'homme prudent demande d'où je sais si bien ce que veut et ne veut pas le monde. À quoi je riposterais que je sais d'où vient cette idée fantastique qui prête au monde un visage humain. Toute discussion met en péril nos idées les plus assurées ; aussi je n'ai jamais discuté que par jeu ; et dans l'enseignement, jamais je n'ai discuté. Il faut seulement qu'on sache d'où vient quelquefois, et dans la plus simple description, cette transparence du monde qui aussitôt nous fait libres et heureux. C'est pourtant un monde sans espérance, un monde qu'on ne peut prier. Mais le monde qu'on prierait de bonne foi serait un royaume d'épouvante où sorcellerie et magie noueraient et dénoueraient leurs ficelles. Ce qui plaît au contraire à l'homme, même quand il est pris dans la lourde machine, c'est de retrouver sa propre erreur, sa propre maladresse, et un jugement d'enfant, comme étant cause de tout. Bref je m'étais de longtemps nettoyé des causes finales. Quoique j'aimasse Rousseau presque autant que Platon, je ne comprenais pas sa prière à l'aurore, même muette. Et je ne pouvais saisir ce que me disait souvent une femme pleine de sentiment, c'est qu'en présence d'un beau couchant elle éprouvait le besoin de dire merci à quelqu'un. C'était une femme qui avait connu George Sand et qui l'admirait. Et moi aussi j'admire George Sand ; mais je n'ai que faire d'un dieu des choses telles qu'elles sont. Telles qu'elles sont, c'est tout leur être, et cela ne vaut nullement respect, mais seulement attention.

Ce qui me semblait digne de remarque, en ces pensées sur le monde, c'est qu'elles n'effaçaient nullement la beauté du monde. Bien au contraire, me semblait-il. Et par exemple à mes yeux l'immensité du ciel ne signifiait nullement une providence, ni une charte quelconque donnée à l'homme, mais plutôt une incertitude essentielle et comme un péril absolu. Toutefois je n'arrivais pas à trembler sur le bord de cette autre mer ; et j'en suis encore là. C'est que, comme je l'ai souvent expliqué, le tremblement ne vient point de ce genre de danger. Et, comme Lucrèce l'a si bien dit, c'est l'imagination qui nourrit toute peur. Je laisse les raisons de physiologie, car j'y reviendrai en un autre lieu. Je vois seulement que les hommes pensent tous ainsi, et que leurs jeux le prouvent. L'homme recherche la nature nue ; il s'appuie sur l'océan ou sur le glacier, assuré alors, par l'imminence même du danger, qu'il n'est plus question de bonne ou mauvaise chance, et que la chose suivra seulement son poids et sa pente, sans aucun égard à l'homme. Ces solitudes sont belles, et elles prouvent que Dieu n'est pas par là. On sait que le sauvage sur la terre ferme craint à chaque pas d'offenser le génie de l'arbre ou le génie des pierres. Une telle vie peut sentir pourtant la beauté de l'heure ; car l'homme s'accorde aux saisons, et danse au soleil comme le moucheron. Mais une telle vie ne peut pas penser la beauté du monde ; car la pensée n'y a jamais ce mouvement libre par lequel elle respire. La crainte d'offenser quelqu'un est une pensée qui gâte la plus belle aurore.

HISTOIRE DE MES PENSÉES,
Les Propos *in* Les Arts et les Dieux,
Bibl. de la Pléiade, pp. 75-78.

PREMIÈRE PARTIE

MÉTAPHORES DE LA NATURE

Les saisons et les fêtes

Il y a une manière de chanter qui montre que l'on n'a pas peur, et qui rassure toute la terre des hommes.

(Histoire de mes pensées)

1

Cette fin d'hiver, c'est la fête de la lumière. Le soleil éclaire les bois jusqu'au fond. Les troncs jettent des ombres crues ; le ruisseau étincelle ; le bleu du ciel paraît violent dans la fourche des arbres. Les masses, au loin, se perdent dans un brouillard doré. Le soleil brûle. La brise mord. On sent une puissance sans douceur. Ce n'est pas encore le printemps.

Nous étions assis dans un creux ; mais il fallut déloger ; le vent froid coulait comme de l'eau, le long des pentes. Alors quelqu'un dit : « Le soleil d'hiver est menteur ; plus il brille, plus on sent le froid. J'aime, en hiver, la lumière crépusculaire, et les nuages bas, qui sont comme les manteaux de la terre. Alors on se recroqueville ; on fait la marmotte. Mais ce soleil menteur nous tire hors de la maison. Je hais la lumière sans chaleur. »

« Le soleil, dit le sage, n'est point menteur. Il chauffe tant qu'il peut. Mais les causes s'entrelacent. J'ai souvent remarqué, au fort de l'hiver, que le moment le plus froid de la journée est aux environs de midi. Cela est naturel. Le soleil chauffe la terre ; la terre chauffe l'air ; l'air chaud s'élève, et l'air froid vient prendre sa place ; le premier effet du soleil est donc de nous jeter un manteau d'air glacé sur les épaules ; et cet effet devient sensible vers le milieu du jour. Ce qui est vrai pour la journée est vrai pour l'année. À mesure que le soleil s'élève sur l'horizon, les vents du pôle nous arrivent ; de là ces vagues de froid qui suivent les beaux printemps. Vous voyez que le soleil n'y peut rien ; il nous chauffe honnêtement ; c'est un dieu juste et raisonnable. »

« Juste et raisonnable, dit un autre, comme les roues de ma montre ; car chacune d'elles fait sa fonction imperturbablement ; c'est ce qui fait que ma montre est une bonne montre. »

« Mais, dit le premier, si quelque grain de poussière se met dans les rouages et arrête tout, ce grain de poussière est juste et raisonnable aussi ; comme cette bise froide est juste et raisonnable, car la fonction de l'air froid est de couler vers les parties de la terre les plus échauffées. Et ce rhume aussi est juste et raisonnable, ajouta-t-il en éternuant. Mais non. Rien n'est juste ni raisonnable. Toutes ces forces sont d'aveugles brutes, c'est tout ce qu'on en peut dire. »

« Je ne sais, dit le sage. Si mes prières pouvaient quelque chose, j'aurais peur de mes prières. Si je constatais quelque caprice des dieux, comment pourrais-je vivre après cela ? Ce qui me rassure, c'est cet ajustage parfait, cet emboîtement de toutes choses, ces chaînes entrelacées des biens et des maux.

"Juste et parfaite est la roue, sans s'écarter d'un cheveu", dit un vieux Lama dans Kipling. À mesure que je comprends mieux cela, je me sens moins perdu dans cet Univers ; et j'y reconnais la vraie figure humaine, bien mieux que si je voyais quelque satyre ivre de soleil sortir d'un arbre et bondir dans cette clairière. »

2 mars 1909

2

Le soleil bondit maintenant vers l'équateur, avec une vitesse chaque jour croissante. Loin déjà est l'hiver dormant ; loin encore est l'été dormant ; saisons où le soleil s'attarde. Chaque jour maintenant je l'aperçois plus haut que je n'attendais, étendant de plus en plus vers le nord la courbe de son coucher. Chaque jour me paraît une saison nouvelle, et je me moque de ces flocons, de ce givre[a], et de ce vent d'est. Rien ne dure, rien n'est stable en ces jours de mars. Nous sommes dans la saison rompue. Les changements du soleil, qui nous crible chaque jour sous un angle plus ouvert, brassent les airs et les eaux ; le froid annonce le chaud, le chaud annonce le froid ; le bleu se voile ; le nuage se fond ; la giboulée ruisselle comme de l'or. Vous remarquez là-dessus qu'il n'y a point de giboulée ; mais cela même annonce la giboulée. Les temps d'équinoxe sont capricieux, violents, tapageurs. Effet de ce soleil instable ; c'est aux environs de l'équateur, qui est sa position moyenne, qu'il court le plus vite, comme s'il n'y pouvait rester. Remarquez qu'un pendule qui se balance ne va jamais si vite que quand il passe par sa position moyenne, qui est la verticale. Cette image nous aide à comprendre ces puissants coups de râteau dans les nuages, et toutes ces répercussions et déceptions qui font que le printemps est si prompt, si assuré et si trompeur.

La terre est chauffée soudain ; l'air vibre et monte ; appel de vent[b] ; l'air plus lourd, l'air froid accourt des plaines continentales. Mélange, comme on voit au-dessus de la marmite l'air chaud et l'air froid en volutes, et des surfaces nuageuses à leurs limites. Ainsi des nappes de nuages s'enroulent, se déplient, se replient. Ce sont des pluies aériennes d'abord, bientôt fondues ; puis elles s'alourdissent et tombent jusqu'à nous. C'est ainsi que le même soleil fait beau temps et pluie, chaud et froid, par cette cause principalement que le soleil chauffe la terre et que la terre chauffe l'air.

Autre perturbation bientôt ; les glaces du nord fondent et se disloquent ; les courants marins nous les apportent ; la mer fait ainsi comme un autre vent. Nous n'avons pas fini d'accuser ce soleil trompeur, qui ne trompe point. Un vieux proverbe dit, et le poète redit : « Qui osera dire que le soleil ment ? » Cette manière de dire, qui étonne d'abord, s'explique par nos printemps batailleurs.

Qui ne remarque la même inégalité et le même grain de folie dans nos fêtes ? Nous avons vu Carnaval, la fête qui se moque, qui met un masque, qui tire la langue. La Mi-Carême redouble cette moquerie gaie, pudeur de l'espérance. Le fait est qu'il y a du ridicule dans ce ciel ; ce n'est pas encore le temps de fêter Dieu. Nous remarquons que les anciens peuples, en leurs fêtes, en leurs danses, en leurs cérémonies, naïvement et scrupuleusement, imitent les astres et les saisons ; mais nous ne remarquons point que nous faisons de même. Sur la mode des confettis, quelque historien dans mille ans d'ici remarquera qu'elle imite la giboulée de neige, et cet effet de surprise et de comique indignation de celui qui reçoit ce compliment au nez. Offense qui fait rire ; sentiments travestis ; mensonge du mensonge ; feintes de joie et de peine ; tel est le cœur printanier. Bien loin de cette confiance, de ce cortège de l'été, où l'on marche sur les fleurs ; bien loin de cette autre confiance, confiance d'hiver, confiance de Noël. Ainsi nous sommes moucherons, arbres, fleurs, oiseaux, bien plus que nous ne croyons. Mais soyez assurés que les anciens peuples ne se croyaient pas moucherons plus que nous. Bien plutôt ils étaient théologiens et politiques, inventant des dieux et des raisons. Et c'est nous qui découvrons qu'ils adoraient le soleil.

9 mars 1928

3

Les fêtes du printemps sont de nature, et l'institution n'y a guère ajouté que des métaphores. L'idée de mort et de résurrection se retrouve chez tous les peuples, exprimant en même temps cet achèvement de l'hiver, les feuilles pourries et redevenues terre, les arbres dénudés, et aussitôt le réveil des forces végétales. C'est pourquoi toutes les cérémonies du monde, en ce temps-ci, imitent la mort et la renaissance ; et que le langage soit toujours humain, cela ne doit pas étonner ; c'est la métaphore essentielle. Je ne vois point de superstition dans la religion, ni la moindre erreur, à bien regarder. Ou bien alors il faudrait dire qu'Homère se trompe ou nous trompe, disant que les générations des hommes sont comme les feuilles des arbres. Les palmes et le buis des Rameaux sont des signes, et la messe de Pâques aussi.

La lune est par elle-même un signe de mort et de recommencement. Surtout dans les pays où le ciel est souvent clair, le retour de la lune fut célébré à grands cris comme le signe que rien n'est irrévocable et que tout recommence ; ce signe n'a jamais été trompeur ; et les astronomes savent mieux cela que les ignorants, puisque la période courte de la lune est liée à des périodes plus longues dont dépend toute notre vie terrestre ; le fidèle retour de la lune était donc le signe du fidèle retour des saisons, et l'expression la plus frappante de l'ordre astronomique ; aussi le culte de la lune exprima une idée juste, non point démentie par la suite, mais au contraire confirmée. La lune en son croissant et décroissant représente toute croissance et décroissance. À chaque lune nouvelle l'esprit d'entreprendre et d'espérer se trouvait ranimé ; et au contraire la lune finissante inspirait la temporisation et la patience, enfin une sorte de carême mensuel ; dont il reste des traces jusque dans les soins à donner aux vins, car beaucoup disent qu'il ne faut point embouteiller ni soutirer en décours. Or ces pratiques, qui sont de superstition, et non de religion, enferment encore cette utile sagesse qui prescrit de régler toutes les actions humaines d'après les signes du ciel. L'astronomie débrouille seulement cette grande idée, sans l'altérer essentiellement, joignant les signes lunaires aux signes solaires.

D'après ces anticipations précieuses, la lune pascale devait être sacrée entre toutes, puisque avec ce croissant d'équinoxe on voyait réellement toutes choses croître, en même temps que le rouge-gorge, le merle et le pinson annonçaient tous les autres chants. C'est pourquoi cette lune, arrivée à son plein, fut le signe par excellence ; et les deux divinités du ciel, alors réconciliées, fixèrent la fête du printemps bien avant que l'Église eût dressé le Comput, qui est le calcul de ces rencontres entre la lune des bourgeons et le soleil équinoxial. Que l'homme ressuscite alors, et se reconnaisse Dieu, ce n'est que mimique et danse réglée, qui exprime, redouble et confirme l'allégresse universelle, en même temps qu'elle la tempère. Car il n'y a que les faunes et chèvre-pieds qui dansent sans mesure et au premier rayon ; ce sont des êtres sans mémoire et sans archives, qui n'ont pas remarqué la loi périodique, et les vrais signes du recommencement. Et ces formes imaginaires représentent bien des hommes encore pris dans l'animalité, et qui ont, en quelque sorte, les pieds plus prompts que la tête ; enfin qui vont danser comme les fleurs s'ouvrent au moment où les oiseaux chantent. Et cela est la vérité de la nature, non de l'homme. C'est pourquoi[a] ces métaphores sont belles aussi, et vraies aussi, mais pour l'homme. Seulement les chèvre-pieds n'en savent rien ; ils dansent !

2 avril 1923

4

Le dernier mois de ce beau printemps fut un peu grondeur ; mais presque toujours la querelle des nuages était sans conséquence. J'observais en ces beaux jours une couvée de merles. On ne voyait d'abord qu'un petit tas de feuilles mortes qui remuait un peu. Soudain quatre têtes rondes s'élevaient, et presque aussitôt le noir navigateur accostait, sans agiter seulement les feuilles, glissant entre elles d'un vol sinueux et ralenti. Alors, dressé sur le côté du nid, il distribuait les nourritures, et disparaissait comme il était venu en même temps que les quatre têtes avides. Il est très difficile de ne point supposer quelque sentiment et même des pensées en des actions si bien mesurées. C'est pourtant comme si nous supposions une connaissance du centre de gravité dans le danseur de corde. Mais au contraire la précision des mouvements nous conduit à percevoir le merle, l'arbre, le nid et la proie comme une seule chose, quasi météorologique. Au vrai ce père nourricier circulait comme le vent, la lumière ou la sève des arbres.

Vers le milieu de l'après-midi, comme je revenais à guetter le nourricier, je vis quelque chose d'inusité. Il se tenait immobile au bord du nid, au-dessus des nourrissons, et comme prêt à les couvrir. Eux dressaient la tête souvent et ouvraient le bec ; mais le pouvoir paternel les remettait rudement en place et les tenait sous son regard vigilant. Je m'assurai à plusieurs reprises qu'il ne bougeait point et que le soin de nourrir était comme suspendu par quelque cause. Mais comment savoir ? Je n'attendis pas deux heures. Il vint au ciel un nuage tordu, le vent retourna les feuilles, la grêle sonna sur les toits, et je vis rouler des grêlons gros comme une noisette. Il n'est pas miraculeux que des mouvements si bien réglés dans l'ensemble des choses soient changés aussi selon le soleil, la chaleur et le vent. Cette soumission parfaite prévoit mieux que notre inquiète pensée. Comme la fumée indique le vent, ainsi l'oiseau indique le temps. Cependant si je[a] ne puis m'empêcher de supposer quelque intelligence en cet oiseau, supérieure à la mienne, qu'en devait penser le chasseur d'oiseaux des anciens temps, observant ces signes et d'autres, non pas une fois, mais mille fois ? N'allait-il pas, dans le doute, imiter l'oiseau et rassembler lui-même sa couvée quand il voyait que le merle veillait sur la sienne ? Il reste partout des traces de cette attention religieuse aux mouvements des oiseaux. Les Romains rompaient une affaire s'ils voyaient un corbeau à leur gauche ; et leurs généraux ne donnaient point la bataille avant de savoir si les poulets sacrés avaient bien mangé. La pensée humaine ne pouvait manquer de construire sur tant de remarques, et sur les récits que l'on peut imaginer, un système théologique composé. On se fait naturellement une grande idée des maux que l'on a évités en suivant les augures ; ce qui n'est pas ne tombe point sous l'expérience. Et les signes tirés du vol des oiseaux devaient s'étendre à tout, par la supposition d'un savoir surhumain en ces bêtes. Mais je crois qu'avant qu'il y eût des théologiens de ces choses, l'observation des présages fut purement une pratique, entendez une imitation. Le chasseur fit le merle, fit le canard, fit le perroquet, s'appliquant à ressembler, dans tous ses mouvements, à ces bêtes prévoyantes. Comprendre un signe c'est d'abord et c'est toujours imiter une action. D'où l'on pourrait trouver moins étranges ces fermes et constantes opinions des tribus arriérées, par exemple de ces Bororos qui sont, disent-ils, des Araras. Sans doute ces familles se trouvaient-elles, par tradition, en accord avec des perroquets pour faire ou ne pas faire ; et la métaphore devait traduire sans nuances cette religieuse imitation ; comme un chasseur dirait : « Aujourd'hui je suis merle », voulant dire qu'il craint la grêle et qu'il reste chez lui. J'avoue que le sociologue qui a cru découvrir ici une autre logique et d'inconcevables contradictions m'étonne plus que Bororos et Araras ensemble.

3 juillet 1924

5

Ce mois de juin donne les plus belles fêtes. J'y fus convié il y a quelques jours par de précieux amis, qui se sont retirés à la campagne. C'est bien Prairial ; l'herbe est drue et verte ; les bois débordent sur la route ; tous les verts s'étalent et respirent au soleil, chacun avec sa nuance propre et sa transparence, car la feuille est tendre encore. Des coquelicots éclatent ici et là, dans les blés d'un vert gris, et mieux encore dans les sombres fourrages. Des reflets bleus adoucissent et fondent ces couleurs ennemies ; le bleu du ciel lie toutes les nuances ; aussi les flèches du soleil s'enfoncent dans la terre et ne rebondissent pas encore ; et la simple rose, au tournant du chemin, triomphe sans effort, par sa couleur unie et singulière. Vive la rose !

Avec la chaleur du jour s'éleva une brume laiteuse. Le tonnerre se mit à bavarder d'un bout à l'autre du ciel. Puis, sur un appel plus violent, quelques grêlons roulèrent, mais sans trop de mal pour les fleurs. Après quoi un vent frais fit remuer sur la terre les images rondes du soleil, qui riait à travers les branches.

Ce n'était qu'un prélude. Le vrai spectacle était pour le soir. Avant la fin du long crépuscule, qui imitait la clarté lunaire, on entendit des grondements tout autour de l'horizon. Chacun des orages parlait à sa manière, l'un murmurant et l'autre crépitant. Les éclairs aussi avaient leur manière. Au nord, c'étaient des explosions de lumière blanche ; à l'ouest, de rouges flammes courant sur les collines ; au midi, des traits sinueux qui partaient de la terre et perçaient le ciel ; d'autres s'élevaient en courbe et retombaient. Tout à coup il s'éleva un vent impérieux, et un nuage noir, semblable à une épaisse fumée, vint sur nos têtes. Ce fut un vacarme et un embrasement, toujours sans pluie.

Il était dit que la fête finirait bien. Le vent balaya les nuages. Le tonnerre s'enfuit, lançant encore quelques éclairs paresseux. Nous pûmes voir au ciel le royal Jupiter, déjà déclinant ; le rouge Arcturus au-dessus de nos têtes, Antarès au midi, rouge aussi ; et Véga l'étoile bleue, l'étoile des beaux jours, haute maintenant dans le ciel. Ce furent de plus douces harmonies. La flûte des crapauds, le cri aigu du grillon, le doux sifflement de la petite chouette de temps en temps. Alors vers la droite, du côté où sont les sources, des rossignols se mirent à chanter, lançant d'abord trois appels virils, puis déroulant leur phrase festonnée et brodée, qu'ils répètent trois fois, dans trois tons voisins. Je ne puis comprendre que ce chant ait jamais paru mélancolique, ou tendre, ou plaintif. J'y saisis une passion impérieuse et presque brutale, et toute la force de l'oiseau, si sensible dans un coup d'aile, et qui est la plus prodigieuse peut-être des forces vivantes dans ce monde. Ce concert nocturne se mêla aux libres propos de l'amitié. Telle fut la fête de juin ; hâtez-vous d'en jouir. Le rossignol écourte déjà souvent sa chanson ; la rose églantine est bientôt défleurie ; voici Messidor et le triomphe du Soleil.

11 juin 1910

6

Cet oiseau de belle forme et sans parure, au dos brun, au ventre gris, à l'œil noir, à l'aile traînante un peu, que vous voyez courir sur le sable de l'allée, portant la tête en avant à la manière des merles, et soudain poursuivre, de branche en branche, ses amours élégants, modestes et vifs autant que lui, c'est le rossignol lui-même. Silencieux maintenant ou presque ; reconnu pourtant à sa voix forte, brève, un peu rauque. Le souvenir le suit. Le soleil a monté de jour en jour jusque vers le sommet du ciel, où il est maintenant suspendu et hésitant. Été souffle son haleine de four ; l'herbe est poudreuse et les feuillages ont déjà les signes de l'âge. Déjà le jour décroît un peu ; il reste à peine quelques roses de la fête des roses. Les fruits ont rempli les corbeilles. Du haut en bas du chêne, les couvées bavardent, assurent leurs ailes et cherchent leur proie. On pense aux nuits d'août, plus promptes à tomber. Véga, l'étoile bleue, est en haut dans le ciel ; Arcturus va descendre. Nous vivons moins en espoir. Rossignol se montre.

Aux rares nuits tièdes de mai, après que la journée avait été bruyante des appels du loriot, du merle et du coucou, le silence occupait le dessous du bois, et l'air vibrait comme une cloche aux derniers bruits. Mais, quand la voûte sonore reposait enfin sur ses noirs piliers, la voix du rossignol, comme un archet, heurtait la coupe nocturne et la faisait sonner toute. Depuis les hautes branches jusqu'aux racines enfoncées dans le sol sylvestre, tout était chant. Cette puissance étonne toujours ; on n'y peut croire ; elle dépasse toujours l'attente[a]. Elle rassemble dans la durée tout le réveil des forces et comme l'âme de la nature. On voudrait croire que rien n'est plus doux que la flûte du merle ; et qui dépasserait l'ambitieux loriot, sur la plus haute branche de l'arbre le plus haut perché ? Mais ces chants ne sont rien encore. Comme ces beautés de second ordre, dont la seule image plaît ; au lieu que la beauté souveraine n'existe nullement en image. Et le grand poète, si connu, si familier en ses préparations, étonne toujours par le trait sublime, qui n'existe jamais qu'un moment par la voix, et ne laisse point de sillage. Ainsi le printemps ne parle jamais qu'une fois ; plusieurs fois, c'est toujours une fois. L'oreille n'est nullement préparée, ni habituée. Comme la cathédrale, au tournant de la rue, étonne toujours et toujours de la même manière ; ou plutôt il n'y a point de manière, mais une chose infatigable et un sentiment neuf. Ainsi le miracle du rossignol sonne comme Virgile. La beauté n'est jamais connue.

Ce pouvoir de chanter hors de soi, et comme de sculpter dans le silence autour, je ne l'avais pas assez compris, n'ayant pas incorporé en l'invisible chanteur les trois notes de flûte qui préludent, sans origine, sans lieu assignable, aériennes absolument. Et les anciens disaient bien que Philomèle gémit ; mais ce n'est qu'un premier essai du silence ; l'espace nocturne dévore aussitôt l'appel de flûte ; et l'impérieux gosier, après avoir essayé l'étendue autour, la frappe selon le volume et la résonance, et touche en tous points cet air, ce bois, cette terre qui sont son propre être. Ainsi le génie[b] de Darwin a vu toutes les choses, et tous les êtres autour de chaque être, non plus étrangères à lui, mais intimes à lui, de façon que la vie et la forme d'un oiseau sont aussi bien dans l'air qu'il divise, et que la brousse[c] chaude est l'élytre de l'insecte, et que les eaux, l'air, les moissons, les fruits, les saisons sont intimement l'homme. Seulement cette vue de l'esprit est toute sensible dans l'appel de l'oiseau, plus vif encore et plus fort que l'aile. Il a fallu[d] des siècles de pensée pour mettre en prose conseillère ce que la poésie a toujours deviné. Et c'est ce que le rossignol a chanté et chantera, plus réel[e] alors en son étendue sonore qu'en cette forme alerte et séparée. Mais il faut vivre avec les saisons. Salut, Été, forme nue.

26 juillet 1921

7

J'admire qu'il y ait une Fête-Dieu. Faites sonner ces deux mots ; le langage est plein d'idées, et c'est déjà penser fort avant, que savoir ce qu'on dit. La théologie abstraite veut que toute fête soit de Dieu ; mais l'esprit réel a d'autres mouvements ; il se replie sur soi et se déplie. Il y a des fêtes de réflexion et de refus, comme sont la Toussaint et Noël ; le signe humain est alors le grand signe. Et, même à Pâques, il faut que la foi soutienne les signes de nature. Mais en ce temps-ci on peut se fier au monde ; le corps humain ne sent plus l'attaque de l'air. En nos climats cette saison de clémence n'est pas longue ; elle n'en est que mieux sentie. En tout temps on peut croire que le monde est bon pour nous et d'accord avec nous ; mais il faut s'y mettre, et rassembler toute l'espérance ; au lieu que maintenant l'abondance des fleurs fait une preuve éclatante. Nature elle-même jette des pétales de roses sur nos chemins. Ces tapis odorants, ces fleurs lancées, et ces petits Saint-Jean tout nus, ce n'est point l'annonce de ce qui sera, c'est la célébration de ce qui est. L'ancien Dieu, le dieu de puissance, règne seul sur ces journées.

Cette fête-ci est une fête solaire. Flammarion avait coutume de célébrer le solstice d'été, dans la nuit la plus courte, où l'on peut suivre, le long de l'horizon septentrional, une continuelle aurore du soir au matin. La piété populaire est astronomique aussi. Elle reconnaît la source de toute puissance en ce soleil, que Platon nommait bien le dieu des choses sensibles, mais que j'aimerais encore mieux nommer le dieu des choses telles qu'elles sont. Le feu, le végétal, l'animal, le vent, le torrent, tout est soleil ; et ce même soleil, qui anime ces choses, est aussi celui qui nous les montre. Comme moucherons dansant dans le rayon, nous célébrons cette gloire, ou plutôt elle se célèbre elle-même en nous. J'ai lu qu'il y a des infusoires qui se tournent toujours face au rayon. Il semble qu'en ces êtres simples il n'y ait point d'équilibre si un côté du corps ne reçoit point autant de lumière que l'autre. Or nous autres, plus compliqués, nous nous tournons pourtant et retournons de même, et nous rôtissons à contentement. Ainsi c'est le soleil même qui déroule nos cortèges, comme il déplie nos roses. En danses et chants nous fleurissons. C'est le moment païen.

L'autre moment est chrétien. Platon, qui mit tout en ordre, sut nommer aussi le Bien, qui est le dieu des choses telles qu'elles devraient être. Même, par une fulgurante anticipation, il a mis le Juste en croix, voulant faire entendre que cet autre dieu n'a point de puissance, et qu'il faut l'aider ; oui, porter cet enfant d'un bord à l'autre de la nouvelle journée, comme fit Christophe. Et voilà une autre manière de servir, qui est à grands cris méprisée. Au contraire, servir les choses telles qu'elles sont, et les adorer telles qu'elles sont, et se tourner face à la puissance, de façon à bien se rôtir également des deux côtés, comme l'infusoire, c'est la règle du courtisan ; et c'est une comédie admirable de voir comme il se tourne d'un prompt mouvement, pour une lumière qui s'éteint, pour une autre qui s'allume. Étrange remarque, que pourtant tout le monde fait ; ce qui est beau dans les fleurs n'est point beau dans l'homme. Le dieu des choses telles qu'elles sont mérite précaution ; c'est tout ce qu'on en peut dire ; mais respect, non pas. On pourrait dire que l'ancienne religion se meurt, et que la nouvelle vient à peine de naître. J'aimerais mieux dire que ce fut toujours ainsi ; que toujours la puissance est sur le point d'obtenir respect, mais que jamais elle n'y parvient, par cette rumeur étonnante, et qui revient toujours, d'un dieu faible et nu, d'un dieu des choses telles qu'elles devraient être.

1er juillet 1928

8

Le rouge-gorge est le roi de l'automne ; il en porte les couleurs ; bronze poudré d'or sur les ailes, et cette tache de feu qui remonte de la poitrine aux joues et encercle à demi l'œil intelligent. Rien ne parle plus fortement à l'œil qu'un autre œil, cette chose qui fait voir qu'elle voit ; d'où tant de suppositions pour un regard, et souvent fausses. Mais le rouge-gorge fait voir bien d'autres signes. Il accourt au bruit du râteau ; il suit le jardinier et lui parle de son cri sec qui imite le choc des cailloux ou la cassure des branches. Le voilà perché sur la pomme de la pelle, ou sur l'arrosoir. S'il daigne piquer quelques mies de pain, ce n'est pas en glouton. Non comme un voleur, mais comme un ami. Bientôt rassasié, il part comme l'éclair et, sur quelque souche noire, il module la chanson de l'automne, qui est comme un rappel de tous les chants, mais plus grêle, éclatant et froid comme le soleil d'hiver. Il chante, par souvenir ; c'est l'ami du poète.

Toujours seul, si ce n'est au temps des nids. En tout jardin l'on voit un rouge-gorge, et l'on n'en voit qu'un. Chartreux d'automne, après les joies de l'été, il affermit le solitaire. Son chant répond à celui de ses semblables, mais toujours de loin, comme les pensées. Ainsi est-il naturellement métaphorique, et symbole de l'esprit favorable. Il n'est point de bienvenue qui vaille la sienne. Haut sur pattes, et portant ses ailes pendantes comme les basques d'un habit, il salue comme un ambassadeur. Souvent, du coupant de son aile, il essaie l'air ; tout est vie et force en son aspect. Mais quelquefois aussi, tout arrondi et frileux au soleil du soir, il murmure tout bas et pour lui-même ; on l'entend à peine ; on devine le chant au tremblement de sa gorge, ce qui invite à ces douces et fluides pensées que l'on se dit à soi-même. Solitude et paix, c'est bien l'esprit de la saison.

Mais pourquoi seul ? On finit par tout voir, dès qu'on ne change pas de lieu. Vers ce temps-ci on peut rencontrer deux ou trois rouges-gorges dans le même lieu. Souvent un jeune, à peine paré de son rouge, se perche aussi sur l'arrosoir, ou vient becqueter près du seuil, saluer, parler, enfin prendre possession. Alors, du haut du chêne, part une flèche sanglante. Les plumes volent. L'usurpateur est attaqué au corps, à l'œil. Le combat est furieux, tournoyant, court. Le vaincu est chassé hors des limites, et n'y revient guère. Par hasard j'observe le vainqueur. Les plumes hérissées en aigrette, la poitrine gonflée, la tache de feu noircie d'ombres orageuses. Méconnaissable. Laid.

Il n'y a point de beauté sans force, soit d'une femme, soit d'un poète, soit d'un oiseau. La force est belle dans son repos. Mais que vienne le semblable, le prétendant, l'autre rouge-gorge. Quoi ? Même dorure ? Même signe couleur de feu ? Mêmes marques royales ? Mon propre être usurpé ? Quoi ? Un autre penseur ? Un autre chanteur ? Un autre législateur ? Un autre sage ? Un autre centre du monde ? Un autre miroir du monde ? Imaginez un autre Hercule, avec la massue, avec la peau du lion de Némée. Le poil volera, et les arbres trembleront jusqu'aux racines.

Tout être aime et recherche son semblable, voilà le lieu commun, qui finit peut-être par être vrai ; mais le premier moment est difficile. Hegel, sobre et fort ici, marque les étapes d'une pensée qui naît à elle-même. Reconnaissance, c'est le moment où l'homme qui pense découvre un autre homme qui pense. Aussitôt après reconnaissance, combat. Cela étonne d'abord et même choque ; on y veut voir une métaphysique de la guerre, à l'allemande ; mais il faut examiner ; ce n'est que le premier moment, où les différences ne sont pas encore saisies. Cet autre Hercule en marche et mission, c'est moi-même. Usurpateur. Aussi quelle douce amitié par les différences, qui ne manquent jamais ! Mais cette colère du plus gracieux des oiseaux peint bien notre premier mouvement. Par quoi[a] je comprends cette mythologie aussi vieille que le monde, d'après laquelle les animaux seraient l'image grossie de nos passions. Paix et guerre ensemble dans le corps de ce doux oiseau. La pensée manque en ces petites têtes, la pensée qui voit les différences, et qui fait les différences. Heureuses différences, qui feront la paix.

1er octobre 1923

9

Ce terrain était clos depuis des années, et oublié des hommes. La forêt quaternaire y poussait de nouveau librement ; cela faisait un bois de jeunes chênes où nichaient les rossignols. Puis le désir humain l'envahit comme une tempête. Les arbres furent coupés et emportés ; les racines furent tirées du sol et brûlées ; de grandes fumées publièrent les actes des bûcherons vêtus de velours brun. Aussitôt d'autres artisans en cotte bleue foulèrent cette terre ravagée ; et à mesure que le soleil montait et que le printemps chantait, le sol fut piétiné et recouvert de chaux ; de hauts grillages formèrent une grande cage ouverte par le haut ; autour vinrent les fauteuils de fer, le thé et les grosses dames, et la cage enfin fut peuplée d'oiseaux blancs, verts et rouges, jeunesse bien savonnée, aux cheveux bien tirés, à la tête petite, espoir des grosses dames.

Pendant un mois ou deux, en ce printemps chaud, fut célébré ce jeu de rites et de politesses, qui, vu de loin, semble un culte par le sérieux et l'ennui. Mais ce n'est qu'apparence ; le plaisir est une grave affaire. Aussi n'y avait-il pas un seul brin d'herbe, ni un seul caillou roulant sur l'aire consacrée. D'étranges jardiniers arrosaient chaque jour, balayaient, nivelaient, durcissaient la terre stérile, et y traçaient en lignes blanches le chemin et les limites des chœurs et des cortèges. Temple pour toujours. Cependant le chanteur dépossédé avait transporté au voisinage son nid et ses amours ; on le voyait étaler au soleil son manteau mal brossé ou se baigner en quelque creux moussu. Puis, quand la lune se levait, l'artiste faisait retentir la nuit divine et la forêt quaternaire. Autre jeu, autre culte. Mais lui, les dieux l'entendirent.

Je ne sais quelle Némésis des oiseaux toucha de son pied le temple humain. Ce jour fut semblable aux autres jours. Le soleil fit son chemin un peu plus haut que la veille et dessinant des ombres un peu plus courtes sur l'aire géométrique. Mais il n'y eut plus de jardiniers tôt levés, ni de danseurs, ni de balles immaculées ; il n'y en eut plus, ni ce jour-là, ni les autres jours. Les étoiles tournèrent, et se perdirent les unes après les autres dans le rouge couchant. Le soleil monta au plus haut et redescendit. Les arbres prirent l'épais feuillage de l'été et bientôt après le dur feuillage, encore vert, qui annonce l'automne. Le rossignol s'en alla ; le pinson oublia sa chanson courte. Le merle plongea par-dessus les clôtures, ne lançant plus qu'un cri bref, à peine distinct du bruit de ses ailes. Maintenant le rouge-gorge, musicien de l'hiver, redit d'une voix plus grêle toutes les chansons qu'il a apprises, gonflant ses joues de feu. La grive vient aux baies mûres et les feuilles tourbillonnent. L'herbe pousse sur le terrain consacré ; les traces des chœurs et des cortèges sont effacées. Autour des fauteuils de fer on aperçoit les jeunes pousses du chêne et le retour de la forêt quaternaire. Je pense à ces routes de la région maudite, qui n'allaient plus nulle part et que l'on voyait reverdir, ou bien à ces étendues de reines-marguerites qui, en un seul été, effaçaient les travaux des hommes. Ainsi s'efface maintenant le temple frivole. Quelles causes ont perdu cette Babylone, non moins violente, non moins assurée que l'autre de sa durée, quoique son pas fût plus léger sur la terre ? Peut-être un deuil, ou bien l'enquête de quelque agent des contributions, ou bien quelque mariage, ou un rhumatisme du genou. Bossuet en aurait fait un sermon, et Chateaubriand une élégie ; car toutes les ruines parlent le même langage. Je me confirme seulement dans l'antique prudence qui conseille de ne pas tracer par violence un avenir même court, mais plutôt de se cacher en quelque coin, en respectant l'arbre et le rossignol, comme si l'on avait quelques chances de plus de durer en se glissant et s'entrelaçant dans le tissu des événements ordinaires. Mais ce sont des pensées d'automne.

17 octobre 1922

10

Cette fumée qui s'élève des toits est très sérieuse. C'est fini de jouer avec le vent, avec le flot. Fini de ces formes nues, sans pudeur ni impudeur. Par la grâce du vêtement, il faut que les pensées remontent toutes au visage, ce guetteur. Il faut vivre attentif dans une nature qui n'a plus d'égards. Les hommes ne dansent plus comme les moucherons. Je le crois bien, que les pays chauds sont voués au despotisme ! Car l'homme alors se fie et ne prévoit guère. De toute façon, dans les pays où l'homme ne craint que des catastrophes comme typhon ou éruption, nul ne compte sur soi, nul n'a l'idée de faire son propre destin. De sommeil à fureur, ainsi se meut l'esprit. Ce régime des pensées peut tout au plus changer un despote pour un autre. Il faut une longue conspiration pour fonder la liberté politique, une plus longue pour la conserver. Et heureusement, les ennemis de la liberté dorment aussi et dansent aussi dans l'heureuse saison.

La fumée au toit annonce l'école. On aperçoit les sarraus noirs, et un sérieux de l'enfance qu'on avait oublié. Il n'est plus question d'écrire sur le sable, ni de faire des châteaux pour une marée. À cette rentrée d'automne, personne ne discute ni ne ruse contre l'école. L'animal humain a pris ses vacances ; chacun sent bien que cela ne peut pas durer toujours. Le soleil même nous le rappelle, car on le voit qui s'en va. Aide-toi, homme, semble-t-il dire, car le ciel ne t'aidera pas. Le feu est un autre dieu que le soleil ; on fait le feu. Cet art du feu, qu'aucun animal ne nous a dérobé, est comme une revue des puissances de l'homme. Le feu est effrayant, mais l'homme le tient dans les pincettes, chose que les animaux n'ont point su inventer non plus. Ainsi l'homme devant les tisons ne peut qu'il ne se pense homme, et qu'il ne parcoure en sa pensée les outils et les travaux. L'ouragan frappe aux vitres ; voici le temps où la vie ne va plus de soi. Le dieu de l'été c'est le soleil, mais le dieu de l'hiver c'est l'homme. Voilà ce que la fumée écrit dans le ciel.

Il est remarquable que l'amour de la liberté suppose une haute idée de l'homme, et, en effet, l'argument le plus fort du despote est que les hommes font les fous dès qu'ils se sentent libres. C'est donc une chance rare pour vous, leur dit-on, d'être bien bâtonnés. Ce que j'admire, c'est qu'ils semblent quelquefois le croire. Un ivrogne sait très bien prouver que les choses iront toutes de travers s'il n'y a point un tyran énergique. Et tout homme arrive bien une fois par jour à se juger incapable de se conduire. Mais s'il tombe à genoux pour si peu, alors ce qu'il croyait devient vrai. Il n'attend plus que décrets-lois, du ciel ou de la terre, il n'importe. Et si l'homme n'a pas foi en lui-même, il faut qu'il ait foi dans quelque autre. C'est pourquoi il y a une affinité entre toutes les obéissances, qu'elles aillent à Dieu ou à Roi. Et pareillement, toutes les désobéissances sont républicaines, et il n'y a point de calomnie à reconnaître dans le radical le plus modéré un petit grain d'anarchie. C'est l'anarchie, cet extrême de gauche, qui fait vivre toute la gauche. Et c'est l'esprit monastique, foudroyé d'obéissance, qui fait vivre toute la droite. Vainement, ils font du bruit, ce sont des faces pâles, et qui ont peur de tout. Ils se font tuer par peur de tout ; cette variété du héros existe.

Le principe du vrai courage, c'est le doute. L'idée de secouer une pensée à laquelle on se fiait est une idée brave. Tout inventeur a mis en doute ce dont personne ne doutait. C'était l'impiété essentielle. Car ce que Dieu a voulu nous donner, nous l'avons, et dire que cela ne suffit pas, c'est offenser Dieu. La religion ainsi prise est un état de bêtise ; le bœuf en donne l'idée parfaite. Et si, au contraire, on croit de tout son cœur que savoir donne pouvoir, et courage justice, Dieu n'est plus que l'arbitre qui laisse aller la balance d'or. À quoi la nature suffit bien, qui pèse toujours juste, sans pensée aucune. Machine dangereuse, mais fidèle. La fumée qui monte et que le vent rabat exprime la pesanteur et le vent ; ses volutes dessinent l'inerte loi sur laquelle nous fondons nos entreprises, et toutes les entreprises sont d'hiver, comme le feu d'où elles procèdent toutes.

12 octobre 1935

11

Il n'est pas étonnant que la Toussaint et la fête des morts, qui ne sont qu'une seule fête en deux pensées, se trouvent placées en ce moment de l'automne où il est clair que tout se défait, et que rien ne s'annonce encore. Tout s'efface par cette pluie infatigable, mais tout n'est pas effacé ; ces feuilles retournent aux éléments, mais elles signifient encore ce qu'elles furent. Ainsi notre pensée remonte contre le temps et médite sur l'irréparable. Et, parce que le spectacle des choses règle nos pensées bien plus que nous ne croyons, nous voilà à commémorer.

Une même fête, disais-je, en deux pensées. Car il est naturel que la méditation commune se porte vers les morts qui furent modèles, et que la légende a déjà noblement ensevelis. La mort par eux se trouve purifiée et même belle. Aux saints la première pensée, la plus facile. Mais la commune sagesse a déjà beaucoup gagné depuis le temps où l'on célébrait Hercule, par cette idée admirable qu'il y a bien plus de saints qu'on ne peut dire, et que les moins illustres ne sont pas les pires. Ce mouvement de réflexion ramène déjà à l'ordinaire de la vie, aux œuvres cachées, encore mieux, aux vertus méconnues. D'où l'on célèbre ensemble tous les saints. Telle est la première idée. L'autre est plus près de nous encore, et veut joindre à tous les saints tous les morts par une sorte de pardon. Les morts, selon une antique tradition, attendent sépulture, et même sont redoutables tant qu'ils n'ont point sépulture. Entendez qu'il n'est point facile de penser aux morts avec piété tant qu'on n'a pas retrouvé le visage qu'ils doivent avoir, celui qu'ils méritent. Or ils l'ont brouillé de mille manières, par l'humeur, par l'âge, par la maladie, par toutes les cicatrices des coups reçus, qui ne sont point d'eux. Il faut donc retrouver ce modèle d'eux-mêmes, que leur vie souvent nous cache. Ici est cachée, avec l'idée de sépulture, la grande idée de résurrection. Il faut que les morts cessent d'être morts ; car être mort n'est rien. Ce devoir de penser aux morts, mais comme à des êtres vivants et réels, conduit fort loin. D'autant que cette charité, qui veut qu'on les retrouve en leur puissance d'exister, en leur vertu au sens plein du mot, ne trouve pas ici cette apparence que les vivants tendent toujours. Les morts ne font plus de fautes. La commémoration va donc à purifier, à glorifier, ce qui est bien mieux que pardonner. Il ne nous faut maintenant qu'un peu d'attention, et d'attention à ceci que ce n'est jamais par leur puissance d'être que les hommes sont méchants, mais plutôt par les blessures de rencontre ; ainsi leur méchanceté n'est point d'eux ; c'est comme un malheur qu'ils ont rencontré. Ou bien c'est un vêtement qui s'est posé sur eux, non point attaché à eux. Et c'est leur être propre que nous voulons retrouver. C'est donc[a] le temps de laver et purifier en notre esprit les images chères, à l'imitation de cette pluie infatigable.

Cette harmonie des fêtes avec les saisons me conduisait encore à remarquer autre chose. Il se trouve qu'à ces deux fêtes il s'en est joint une troisième, qui ramène notre pensée aux morts de la guerre, à tous les morts de la guerre, et pour un autre grand pardon. Le calendrier ainsi ne cesse pas de s'orner selon la saison ; et ce n'est point miracle. Cette guerre, qui fut toute de passion, devait finir par la fatigue, et au soir de l'année. Souvenez-vous. Ce sommeil des jours, ce brouillard, ce sol boueux où le pas le plus violent est le plus promptement arrêté, tout cela ensemble conseillait la paix, et, bien mieux, imposait déjà comme une trêve et une attente ; d'où les pensées aussi prenaient un autre cours. Une seule fête donc maintenant, en trois journées, en trois pensées. Ici, à ce troisième moment, il n'est plus question de pardon aux morts, mais bien clairement de pardon à soi. Et cela ne peut aller sans quelque ferme résolution. Aussi clair et aussi libre, ce retour de peine, que bientôt le bruit des charrettes sur la terre durcie. Car il est dans l'ordre que l'on revienne du souvenir à l'action, et c'est là que le piquant hiver va promptement nous rappeler.

1er novembre 1926

12

Noël c'est le printemps de l'esprit ; c'est tout promesse. En juin, nos joies flamberont ; le midi de l'année penchera aussitôt de l'autre côté. Ce qui commence est plus beau. Celui qui mesurerait maintenant ces ombres longues saurait qu'elles ne s'allongent plus. Au point de Noël le soleil hésitant remonte tous les jours un peu ; c'est la grande aurore ; on la figure par une flambée de cierges. L'hiver nous trouve incrédules. Comme le pilote regarde au loin et se fie à de plus larges balancements, ainsi regardant là-haut nous nous savons sauvés de nuit. Aussi les chants de Noël sont tous portés en avant, tel un bruit[a] matinal. Qu'on le dise comme on voudra, c'est la naissance qu'il faut maintenant célébrer. Non pas le chasseur d'avril. À vieille science, dieu jeune.

J'ai ri quelquefois de ceux qui disent que les religions furent une longue tromperie. Je n'y vois pas plus d'erreur que dans ces mouvements que nous allons maintenant remarquer, de pousses vertes, de bourgeons, de fleurs. La prière est vraie comme la sève. Mais il faut être paysan pour sentir pleinement cette religion du soleil et des saisons. Les citadins, qui ne sont qu'usuriers et emprunteurs, comptent par échéances et par semaines. Il y eut un temps où Rome s'aperçut qu'elle allait célébrer Pâques à la moisson. Jules César eut l'honneur de soumettre de nouveau les fêtes urbaines à la religion champêtre. Un homme de guerre soumet la crue des hommes à la crue des fleuves ; il joue sur les saisons. Mais, victoire ou non, l'homme gagne en ses pensées s'il les règle sur le vrai train du monde, doutant et espérant, commémorant et oubliant selon la saison. Ce que marquent les fêtes ; et le creux de chaque fête est préparé pour des pensées justes et fortes.

Pourquoi l'Enfant-Dieu dans une étable, entre le bœuf et l'âne ? Je l'expliquais déjà ; je l'expliquais sans le savoir assez, quand je reconnaissais en la Noël l'immémoriale religion paysanne, qui force nos pensées selon l'ordre des travaux. La religion de la vache est bien ancienne. Et pourquoi pas aussi de l'épervier, du serpent, du chien, du loup ? Les Égyptiens ont dessiné l'homme à tête de loup. Ces signes sauvages sont comme des lettres oubliées. Mais la plus récente image éclaire les autres ; il fallait l'enfant. Cette théologie sans paroles dit bien plus que la Bible.

Mais quoi de plus ? L'enfant. Non pas l'éléphant et le bœuf. Non plus César, le dieu chauve. Assez de commémorations et de regrets. Comme les travaux s'étendent en avant, sur une terre neuve, ainsi l'enfant a mission de tout recommencer à neuf ; sa grâce le dit. Aussi, par la vertu de Noël, ce ne sont plus ces vieilles sorcières qui viennent peindre des rides sur le jeune visage. Mais, au contraire, vieux et vieilles, et rois mages et toutes les Majestés apportent la solennelle prière à l'Enfant-Dieu : « Non pas comme nous voulons, mais comme tu voudras. » Ce qui fait un prodigieux sens, et qui retentit au ciel et dans les enfers. C'est encore se fier à la nature nue, encore une fois s'y fier, comme le paysan au printemps nouveau. C'est refaire l'antique alliance entre l'homme et le monde. C'est adorer[b] l'espérance même. Et c'est aussi adorer l'être le plus faible, celui qui a besoin de tous, du bœuf, de l'âne, d'Hercule, de César. Image enfin de l'esprit qui, en effet, ne peut rien ; de l'esprit qu'il faut servir, et qui n'aura jamais l'âge de récompenser. Toutes ces vérités ensemble, et bien d'autres. Comment trouvées ? Sans doute par une union et communication avec la nature, que le peuple a toujours gardée, et que la légende dessine. Les arts sont comme un langage direct et universel, où la forme humaine se conserve et se retrouve. Et les images de l'art sont les vrais dieux de la terre. Car, selon un ordre que l'on retrouve partout, l'homme adore les images qu'il a premièrement faites, et les légendes qu'il s'est d'abord racontées. L'homme n'a médité que sur ses propres poèmes ; et toute pensée fut premièrement une énigme à deviner. C'est ainsi que la fête de Noël est parmi nos énigmes, et peut-être la plus belle. Et comprenez-la comme vous pourrez, la crèche reste, avec le bœuf, et l'âne, et la mère, et l'enfant. Sur ces traits invariables notre pensée peut s'exercer ; mais, hors de ces touchants modèles, elle est folle.

1er janvier 1933

DEUXIÈME PARTIE

PREMIER MODÈLE D'UN ORDRE DE LA NATURE

Le Ciel

Regarde à travers tes idées et tu vois apparaître la nécessité qui est le vrai visage du monde. Étudie seulement l'astronomie, pour la santé de ton esprit, et tu seras assez instruit là-dessus. Il n'est pas une de ces lois de liaison et balancement des orbites qu'en un sens tu ne pusses prévoir d'après tes transparentes idées ; mais la transparence aussi n'est rien sans l'objet opaque, et il n'est pas une seule de ces lois qu'en un autre sens tu pusses prévoir. C'est ainsi qu'en passant de l'apparence au fait, comme pour l'éclipse, ou pour les phases de la lune, tu constates, étrange condition qui est la tienne, tu constates la nécessité.

(Kant éternel, *1924*)

13

Hier soir, la Grande Ourse s'allongeait sur le bord de l'horizon. Cassiopée élevait ses fanaux en zigzag de l'autre côté de la Polaire. Véga, l'étoile bleue, brillait au sommet du ciel. Vers l'occident, Arcturus descendait ; entre les deux, on voyait la Couronne et sa Perle. Au levant s'étendait la longue Andromède, d'où tombaient, plus au nord, les étoiles de Persée, comme un collier rompu. Ces noms sont anciens ; mais ces parures du ciel sont plus anciennes que les noms. Les bergers chaldéens les voyaient comme nous les voyons. En cette saison, à cette même heure, la première de la nuit, Virgile pouvait les voir sortir de la mer ou s'y plonger, comme les avait vues le pilote d'Énée.

Quand on ramène les yeux sur cette terre, où tout a changé, où tout change si vite d'instant en instant, il est impossible qu'un si grand contraste ne secoue pas la pensée jusque dans son fond. Le torrent se déchire sur le roc ; le roc lui-même s'en va en sable ; à peine les pics granitiques montrent-ils, par leur forme, qu'ils résistent à la neige et aux pluies ; mais ces talus calcaires, ventrus, rayés d'argile, on les verrait couler presque comme de l'eau, si l'on vivait seulement un peu plus lentement et si dix siècles valaient une seconde. Nos passions changent comme des reflets sur l'eau, et nos désirs dévorent le temps à venir. Mais si nous regardons de nouveau les étoiles, les temps sont soudain abolis, nous voyons l'ordre et l'éternité.

Platon en fut tellement saisi qu'il enseigna que les dieux nous avaient donné les étoiles pour modèles, afin que nous missions, malgré les choses qui s'écoulent, l'ordre et le repos dans nos idées. S'il parlait en poète, et s'il croyait au fond que c'est nous-mêmes qui sommes les dieux d'un instant, c'est ce qu'on ne peut pas savoir, car il avait l'art de sourire pour les nourrices et les petits enfants pendant qu'il parlait à des hommes. Toujours est-il qu'il exprimait là une grande et profonde idée ; car ce sont certainement les mouvements du ciel qui donnèrent aux hommes la première notion d'un ordre à chercher dans les choses, d'où toute leur puissance et toute leur justice est sortie, tombant ainsi réellement du ciel, mais tout autrement que les prêtres ne le disent.

C'est pourquoi, aujourd'hui encore, c'est au vrai ciel des étoiles qu'il faut suspendre une vie humaine ; sans quoi les caprices des hommes et les cris des enfants nous étourdiraient. Là est le modèle de toute science humaine, et de toute machine humaine, et de toute sagesse humaine. Là regarde le législateur des cités, et le législateur de lui-même, et le poète, et la vieille bonne femme aussi. Tous cherchent la même chose ; les uns quelque Dieu arbitre, les autres quelque Loi, tous le sceptre humain et la couronne humaine, chacun comme il la voudrait. Les uns regardant les images, et les autres lisant.

15 septembre 1909

14

Chacun a pu voir, ces jours-ci, la lune à son premier quartier voisiner avec Jupiter, d'abord à droite de cette planète, puis à gauche, et descendant le long du Zodiaque, qui est la route du soleil, des planètes et de la lune. Dans les deux précédentes lunaisons, on a pu observer à peu près la même course, et comment la lune va de son croissant à son plein, en même temps qu'elle dérive de Vénus à Jupiter et au-delà. Ces phénomènes si aisément visibles, et naturellement si émouvants, devraient servir de texte aux premières leçons sur la nature. La lune et les étoiles offrent des changements rapides, et évidemment réguliers, justement assez compliqués pour que l'esprit le moins délié puisse en découvrir la loi presque sans secours. Et c'est en regardant là, sans doute, que les hommes ont pris la première idée d'une connaissance positive. Car les choses qui nous entourent et que nous pouvons manier sont par cela même trop comme nous voulons ou comme la volonté des autres les fait ; c'est une nécessité flexible ; mais, là-haut, c'est une nécessité inflexible. Cette douce lune est hors de nos mains ; d'où nous comprenons qu'il y a une autre manière de saisir, qui n'est pas méprisable. Mais qui sait seulement, je dis pour l'avoir vu et non pour l'avoir lu, que la lune dérive vers l'est, quoiqu'elle tourne vers l'ouest avec tout le ciel ? On sait que la terre tourne sur elle-même et autour du soleil ; on sait que la lune tourne autour de la terre. Mais c'est un savoir abstrait. La belle lune, ses ombres crues sur les hauteurs, et les blancs lacs de brume dans la vallée sont tout à fait autre chose ; le sentiment ne réchauffe point l'idée ; l'idée n'éclaire point le sentiment. Ce fut un moment sublime lorsque l'ombre lunaire fit voir une loi.

Nous étions sur une haute terrasse, vers le déclin des rossignols. La lune était comme suspendue, et les jeunes arbres faisaient une ombre nette. Mais je posai mon bâton par terre, juste sur l'ombre, et le mouvement de l'ombre devint sensible aussitôt, jusqu'à me surprendre. Une vieille servante, qui rêvait là sans savoir, en fut émue comme d'un prodige, et ses yeux allèrent bien des fois de l'ombre tournante à la lune immobile. Virgile était comme un beau lac, où toutes les choses se miraient. Mais nos poètes veulent un croissant de lune en plein minuit, et que Vénus se lève le soir à l'horizon. Ainsi notre cœur n'est que désordre, et notre esprit n'est que calcul.

Un soir, comme j'offrais à des syndiqués mon petit bagage de science, et l'astronomie pour commencer, un de ces hommes sévères me dit : « Nous savons ce que c'est ; il y a un canon que le soleil fait partir à midi ; c'est de l'astronomie. Mais dites-moi, camarade, lorsqu'on a faim à midi, et qu'on n'a rien à manger, est-ce de l'astronomie ? » Je restai court. Mais, pourtant, ne penser qu'à ce que l'on peut, est-ce pouvoir ?

8 juillet 1911

15

Savoir ou pouvoir, il faut choisir. Ces hommes innombrables qui tendent une antenne sur leur toit, ils croient toucher à la science par là ; mais au contraire ils s'en détournent. C'est une chasse que de prendre au piège ces ondes invisibles et impalpables ; mais ce n'est qu'une chasse. Curiosité de pouvoir, non curiosité de savoir. Celui qui entend de Paris les rossignols d'Oxford n'apprend ni l'histoire naturelle ni la physique. Bien pis, il se dégoûte d'apprendre, par ce contraste entre l'extrême facilité de ce réglage qui le met en possession du concert[a] lointain, et l'extrême difficulté de savoir ce qu'il fait quand il compose ensemble une certaine surface de condensateur et une certaine longueur de bobine. Il faudrait un long détour, si l'on voulait savoir seulement un peu ; comment ne pas choisir ce pouvoir qui coule aisément des doigts à l'oreille ? Dès que l'homme, selon un mot fameux, peut plus qu'il ne sait, il choisit le pouvoir et laisse le savoir. Depuis que l'avion s'est envolé sans la permission des théoriciens, les techniciens se moquent des théoriciens ; ce genre de sottise orgueilleuse se développe étonnamment.

Quelque sot disait l'autre jour qu'il vaut mieux ne point parler d'énergie si l'on n'est point un profond mathématicien, attendu que l'énergie est une intégrale. Je compare le signe de l'intégrale à un serpent fascinateur. Le plaisant c'est que, si je vais trouver le mathématicien, il me conseille de ne pas vouloir comprendre par une intégrale autre chose qu'un abrégé ; et en effet ce n'est qu'un abrégé. Ce qu'il y a à comprendre dans cette somme de travaux, que l'on appelle énergie, exige, tout au contraire de ce que disait notre sot, que l'on se prive d'abréger et de résoudre, et que l'on médite longtemps, à la manière de Thalès, sur les cas les plus simples, où la somme se calcule aisément par les quatre règles, comme celui d'un marteau-pilon élevé au treuil et retombant sur la tête du pieu. Celui qui saura retrouver dans le choc du marteau la somme des travaux effectués sur la manivelle, simple produit d'une force par une longueur, saura déjà quelque chose de l'énergie. Mais qu'est-ce donc que ce sot qui voudrait nous détourner de comprendre ? C'est un homme à la mode. Il parle en technicien. La chance du célèbre Bergson, qui certes n'a pensé nullement à suivre la mode, c'est qu'il s'est trouvé à la mode, et flatteur des techniciens sans l'avoir cherché.

Il ne faut point se laisser étourdir, mais au contraire penser à un autre genre de progrès dans les sciences, progrès que l'on n'a encore jamais vu, et qui serait à distribuer un peu de vraie science entre tous les hommes. Laissons aller les machines ; elles vont ; elles iront. Mais pour cet autre progrès[b], qui sauverait l'esprit du machiniste, Thalès suffit bien, par son double attribut de géomètre et d'astronome. J'attends donc qu'un électricien, bien puissant en manettes, devine à son tour, d'après les marches du soleil et la forme de la terre, qu'il y a des régions où le soleil éclaire quelquefois le fond d'un puits. Thalès se mit en marche vers le sud, cherchant cet événement neuf pour lui, et qui se faisait très bien sans lui. Expérience qui ne change que l'homme. En ces recherches[c] l'esprit se reconnaît roi dans son ordre. Et pourquoi ? Parce qu'il ne peut rien changer à l'immense objet ; ainsi ne pouvant manier et changer les solstices, il se change lui-même par meilleure contemplation ; d'où, par réflexion, il vient à savoir ce que c'est que comprendre et ce que c'est que savoir. Par quoi il s'élèvera jusqu'au doute, ce que le technicien ne peut, quoiqu'il s'en vante. Le doute n'est pas au-dessous du savoir, mais au-dessus.

20 juin 1924

16

Si le soir, en rentrant chez vous vers dix heures, vous levez les yeux au midi, il est impossible, si la nuit est claire, que vous ne soyez pas saisis par la vue d'Orion un peu penché, qui enjambe le ciel. Ce rectangle gauche, ces trois clous du baudrier, ces trois autres clous plus petits qui marquent la gaine de quelque couteau de chasse, tout cela est plein d'autorité. Quelque chose est durement affirmé par là. Mais quoi ?

L'Hiver. On croit toujours que l'été sera sans fin. Le roux Octobre a encore des douceurs. On remarque bien que les douces étoiles d'été, Arcturus, la Perle, Altaïr, Véga, glissent l'une après l'autre vers le couchant ; pourtant, on les cherche encore ; on hésite ; on se perd dans cette brillante poussière d'étoiles. Mais Orion est un rude annonciateur. Je me souviens qu'au commencement de l'automne, comme j'écartais le rideau de ma fenêtre vers trois heures du matin, je vis soudain un autre monde, que je connaissais bien, que j'avais oublié. Orion était monté jusqu'au sommet de la nuit, tirant après lui Sirius, aux clartés froides. Je ne l'attendais pas si tôt. Je laissais rouler les jours tièdes entre mes doigts. Orion, ce fut un rappel à l'ordre. Ce furent les trois mois d'hiver signifiés. Ce fut la Nécessité chargée de neige et de glaçons. Quelle annonce pour les bergers !

Lis mieux. Ce n'est là qu'une lettre. Essaie de lire tout le ciel d'un seul regard. Il faut que tu domines les signes ; il faut que tu arraches au Chasseur Sauvage sa fausse barbe de glaçons. Prends garde au froid, qui glace tes pieds et tes pensées. Recouche-toi, et pense. Orion passe tous les jours dans le ciel. Toutes les étoiles y passent tous les jours. Véga aussi, ta préférée. C'est le soleil qui te cache tantôt les unes, tantôt les autres, lorsqu'il recule un peu vers l'est de jour en jour. Orion ne marche pas ; Orion est lié à tout le reste, toujours sur un pied, toujours suivant les Pléiades, toujours traînant Sirius. Et, comme il s'en va maintenant tous les matins, ainsi il glissera le long de l'année, bientôt roi du soir, bientôt dévoré par le soleil.

Aussi m'élevant jusqu'à l'ordre véritable, voilà que je regarde par-dessus l'épaule du Chasseur Sauvage, par-dessus les frimas, les neiges et les glaçons. Je vois déjà le soleil remonter, les jours plus longs, la lumière tonique de Février, les giboulées, la vapeur printanière. Orion tourne maintenant la roue, comme les autres. Je vois un autre Été, enchaîné aussi à la roue, et qui commence maintenant pour d'autres hommes. Je le vois ; je le sens presque. Je le sens dans cet hiver même, auquel ma pensée le rattache. Voilà comment la science, en liant toutes choses, lie l'espoir à la crainte, et tempère le froid par le chaud. Cela ne veut pas dire que la douce chaleur de mon lit, où j'ai fui devant le sauvage Orion, n'y soit pas aussi pour quelque chose.

24 décembre 1909

17

Si tu veux observer, retiens cette main qui veut prendre. Car il n'est pas difficile de changer l'objet ; et nous voyons que, dans les peuplades les plus arriérées, les métiers approchent souvent de la perfection ; mais ce n'est point la même chose de savoir planter la flèche au but et de savoir ce que c'est qu'un arc. Pareillement ce n'est point la même chose de savoir tuer le gibier et de savoir ce que c'est qu'un animal. Ce que tu peux changer, tu le connais mal. Si tu es politique, tu ne connaîtras point les hommes ; et si tu séduis beaucoup de femmes, tu ne connaîtras point les femmes. Ou si seulement tu interroges, tu seras trompé[a].

Aussi voyons-nous qu'un sauvage peut être fort habile à capturer choses, bêtes et gens, et conserver en même temps les idées les plus fausses concernant ce spectacle de la nature, qui lui est pourtant familier. Mais considère un étrange détour de l'histoire humaine ; les métiers de chasseur, de pêcheur, de cuisinier, de chef, n'ont jamais instruit personne, au lieu que[b] le métier d'astrologue a jeté l'homme dans les chemins du vrai savoir, de la vraie sagesse et de la vraie puissance. Pourquoi ? Parce que cette curiosité pleine de passion ne pouvait ici le conduire à saisir la chose de ses mains pour la soumettre et la changer. Les astres étaient évidemment hors de nos prises ; ainsi le spectacle du ciel nous a appris l'observation bien malgré nous. Et l'astrologue est devenu astronome, bien malgré lui. Ici le calcul s'est développé sans que la main pût se porter sur l'objet. Ici le succès ne dépendait plus du savoir-faire, mais seulement du savoir-penser ; car il fallait attendre le retour de la lune ; et notre impatience ne fait pas que le soleil remonte plus vite. Les passions s'apaisent, et la nature se montre. Sans ce puissant intérêt qu'il attachait aux astres et aux saisons, comment l'homme aurait-il appris la patience ?

De proche en proche, l'esprit astronomique a redressé toutes nos recherches, nous exerçant à deviner au lieu de faire. Physique est née d'astronomie, non d'industrie. Chimie est née de physique, non de cuisine. Biologie est née de physique et de chimie, non de capturer ou dresser les bêtes ; et sociologie naîtra de biologie, et en réalité d'astronomie. Ce n'est pas par hasard qu'un polytechnicien est géomètre d'abord ; mais ce n'est pas sans risque non plus qu'il conduit trop vite son apprentissage astronomique ; car il lui arrivera peut-être de devenir un manieur de choses, comme ces forgerons africains qui font encore les meilleurs coutelas, et qui ne savent rien. Toi donc qui veux savoir, sois astronome d'abord, et reste ensuite astronome par la patience, je dirai même par le respect. Et, autant que tu peux, considère toutes choses astronomiquement ; tel est l'ancien sens du mot considérer ; oui, astronomiquement, ces hommes, cette guerre et cette paix ; et même ton chien, sans quoi tu le comprendras, quand il t'obéit, à peu près aussi bien qu'il te comprend quand tu l'appelles.

30 avril 1922

18

On ne parle que de la planète Mars. Dans les lunettes ordinaires, ce n'est qu'un gros pois très brillant, sur lequel on distingue avec peine une sorte de tache à peu près triangulaire. Mais ceux qui disposent des télescopes les plus puissants y voient des merveilles : continents, amas de glaces, canaux, et, du reste, discutent sans fin sur tout cela. Chacun peut voir Mars, à ce temps-ci, par les nuits claires ; c'est un astre rougeâtre qui suit à peu près la route du soleil, et se trouve au sommet de sa course vers dix heures du soir.

Non loin de Mars, à une heure vers l'est à peu près, et un peu plus au nord (une heure, c'est le douzième de la coupole céleste au-dessus de nos têtes), donc un peu en retard sur Mars, on peut voir, en cet automne de 1909, une espèce d'étoile bleuâtre, d'un éclat médiocre, qui n'appartient pas aux constellations, et qui est tout à fait humble à côté du glorieux Mars. Si vous avez une lunette de nuit un peu forte, comme celles où l'on regarde quelquefois pour dix sous, braquez-la sur l'étoile bleuâtre. Et je vous jure que cela vous saisira autant qu'un Blériot volant.

C'est Saturne. C'est le bijou du ciel. Vous le voyez flotter dans un noir sans fond, et vous montrant autour de son globe son brillant anneau, assez incliné vers vous pour que vous aperceviez, à droite et à gauche, deux petits creux d'ombre qui le détachent du globe, et font voir qu'il trace en ce pays-là un pont lumineux d'un côté du ciel à l'autre, quelque chose comme la trajectoire solidifiée de plusieurs centaines de lunes. Astre et anneau étincellent par le feu du soleil caché. On regarde de nouveau avec ses yeux ; c'est toujours la petite étoile bleuâtre ; on revient à la lunette ; on se prouve, non sans peine, que ce bijou existe ; on prend pied dans le ciel. J'ai entendu dire qu'un homme, illustre depuis, devint astronome du jour où il vit Saturne et son anneau. Comment s'en étonner ?

Mais je veux vous conter une histoire de lunette. Il y avait un château ; au-dessus du château il y avait le ciel ; dans le château il y avait des gens fort cultivés ; il y avait aussi un trépied dans un coin et une grande boîte sous le billard. On disait : « Il y a dans cette boîte une lunette qui vient d'un oncle » ; et l'on racontait l'histoire de l'oncle. Historiens grands et petits, on n'entend que cela. Saturne faisait ses tours au ciel ; mais ils ne s'en souciaient point, parce qu'ils avaient appris au collège tout ce qu'un homme cultivé doit savoir là-dessus.

Il fallut qu'il vînt là un grand jeune homme à raquette, qui n'avait guère écouté ses maîtres, et qui flânait par le monde, grâce à l'argent qu'il avait. Cet ignorant savait qu'il y a un vrai ciel, et des lunettes pour les choses du ciel. Il tombe sur la boîte, l'ouvre, monte la lunette, tâtonne d'étoile en étoile, et dit finalement : « Il est là. » Sa voix tremblait un peu. Tous y coururent ; et ce jour comptera dans leur vie. Car l'habitude nous cache les choses ; mais, quand on a vu cet anneau penché autour d'un globe, il faut qu'on revienne aux merveilles qui sont autour de nous, à nos pieds. Comment ne pas penser à cette vieille terre qui flotte, elle aussi, enveloppée de nuages, toute humide de ses océans ? Et comment n'y pas aller, je veux dire comment ne pas s'éveiller aux choses terrestres ? Quand on découvre Saturne au bout d'une lunette, c'est tout l'Univers qu'on découvre.

25 octobre 1909

19

Ceux qui s'intéressent aux choses du ciel remarqueront aisément ces temps-ci le gigantesque Orion, rectangle dressé, et les trois étoiles de son baudrier. Plus au nord s'élève obliquement, de l'ouest au milieu du ciel, la grande route commune au Soleil, à la Lune et aux planètes ; la Lune s'y promenait ces jours-ci, gagnant vers l'est d'un soir à l'autre, comme chacun a pu le remarquer. Mais surtout l'époque est favorable si l'on veut observer les déplacements de la planète Mars. Il n'y a pas quinze jours peut-être que je vous la montrais juste au-dessous des Pléiades, à peu près à égale distance de Saturne à droite et d'Aldébaran à gauche. Or elle n'y est plus ; vous la trouverez maintenant au moins à dix largeurs de l'une des Pléiades, vers l'est, presque au-dessus d'Aldébaran. Ces remarques ne sont pas toujours faciles à faire, parce que l'on manque d'étoiles remarquables. Ainsi les mouvements de Saturne, qui fait l'extrémité ouest d'un grand triangle aplati marqué par Aldébaran et les Pléiades, Saturne ne se trouve point au voisinage de quelque étoile bien brillante ; et d'ailleurs ses mouvements sont quinze fois plus lents environ que ceux de Mars ; mais, si l'on faisait attention, on verrait qu'il dérive aussi vers l'est. Il y a dans tous ces mouvements vers l'est une régularité remarquable. Tous ces astres mobiles, Soleil, Lune, planètes, suivent à peu près la même route, et dans le même sens, quoique avec des vitesses fort différentes ; la Lune fait son tour en un mois, le Soleil en un an, Mars en deux ans, Saturne en plus de trente ans.

Mais une circonstance avait troublé les anciens. Mars, cet automne, est revenu sur ses pas ; en septembre il était déjà au voisinage d'Aldébaran ; il a rétrogradé jusqu'à revenir un peu au-delà de Saturne ; le voilà maintenant reparti. Ces allées et venues, qui n'empêchent pas la planète de faire son tour vers l'est tout compte fait, semblaient inexplicables aux anciens astronomes. Pourquoi ? Parce qu'ils n'avaient pas l'idée du mouvement de la

Terre autour du Soleil. Pour nous, à qui ce mouvement est connu, ce n'est qu'un effet d'alignement changeant comme on en remarque en chemin de fer ; un objet assez rapproché semble alors se mouvoir en sens inverse et passer devant les objets plus éloignés, ce qui est très loin paraissant immobile. Or Mars, Saturne et une étoile comme Aldébaran sont trois objets disposés de la même manière ; et, par l'effet du mouvement de la Terre qui le dépasse, Mars, qui est plus rapproché, semble revenir vers Saturne qui est plus éloigné ; et Saturne de même par rapport à une étoile, quoique beaucoup moins que Mars par rapport à Saturne.

N'est-il pas admirable que l'on puisse maintenant faire comprendre à un enfant de douze ans ce qu'un Grec n'arrivait pas du tout à saisir après trente ans d'observation et de réflexion ? Si l'on marquait bien ce progrès, par un enseignement raisonnable, les autres progrès iraient du même pas.

29 février 1912

20

Nous eûmes pour cette éclipse une nuit sicilienne. La lune se leva dans les chemins du soleil de mai ; je reconnus les ombres de ce beau printemps ; mais ce n'était plus la lune du rossignol, ni ses ombres allongées ; c'était déjà la haute lune d'hiver. Occasion de penser à ce chemin oblique

que la lune et le soleil suivent dans le ciel. Et puisque la pleine lune est à l'opposé du soleil, il est naturel qu'elle soit basse quand le soleil brille presque au sommet du ciel ; haute au contraire, quand le soleil d'hiver se traîne sur l'horizon méridional. Cependant, par l'effet d'un peu de brume peut-être, l'entrée dans la pénombre se laissait à peine deviner par des ombres moins marquées sur l'herbe ; c'était comme un premier voile sur la nuit terrestre.

La lune, quand je revins, avait bondi au-dessus des chênes ; plus petite d'apparence, plus fortement dessinée, comme une perle sur un velours ; image de la Chasseresse inviolable. Mais l'ombre du ciel sembla la tacher en un point, sur son bord oriental, et vers le haut. J'attendais l'ombre pardessous, comme un chat attend la pluie. L'éclipse plus embrumée que j'avais vue il y a quelques années commençait ainsi. Il n'est pas mauvais de se tromper d'abord ; l'esprit est ramené de ses rêves, et réellement réveillé ; je plains ceux qui ne se trompent plus. Il fallut réfléchir à ceci que, comme le soleil en cette saison n'est pas encore au plus bas, la pleine lune n'est pas encore au plus haut ; son mouvement vers l'est est donc montant ; et comme c'est par ce mouvement qu'elle entre dans l'ombre, tout se trouve expliqué. Par l'ombre, je perçus la position du soleil ; cette ombre arrondie et nette, aussi noire que la nuit, projetait sur la lune le contour de la terre, l'Afrique peut-être ou l'océan Indien, et les mers polaires du Sud. Par le progrès de l'ombre, le mouvement de la lune m'était sensible, diminué pourtant du mouvement du soleil, environ douze fois plus lent. La lune et l'ombre montaient ensemble dans le ciel, en même temps que les étoiles, déjà plus brillantes ; mais j'arrivais à comprendre, par le spectacle même, que ce mouvement commun ne modifiait en rien l'éclipse. Ainsi s'instruisait Pythagore. Et je sentais en même temps un peu de mépris pythagorique, à l'égard des hommes sans cervelle qui croient que la nuit succède au jour. La lune et l'ombre témoignaient ensemble que le jour ne cesse point, ni la nuit, et que c'est la terre en tournant qui nous promène de l'un à l'autre. Comme l'éclipse du soleil par la terre, que je voyais maintenant en quelque sorte de la lune, dure toujours aussi, sans qu'il se trouve toujours quelque observateur convenablement placé pour la percevoir. Ainsi l'éclipse rentrait dans l'ordre, l'éclipse si touchante pourtant sur l'astre signe ; car je crois que l'éclipse du soleil par la lune produit une crainte principalement animale ou biologique, au lieu que l'éclipse de lune éveillait une terreur proprement religieuse, et qui touchait d'abord l'esprit. Le froid me rappela que j'étais loin de l'heureuse Sicile, et termina mes réflexions.

23 octobre 1921

21

Ce matin, comme le ciel commençait à pâlir, je vis, au couchant[a], dans la constellation de la

Vierge, la torche jaune de Jupiter. Puisqu'il va dériver de jour en jour vers l'ouest en même temps que les étoiles, nous le verrons bientôt le soir, et en même temps nous verrons briller Vénus, plus blanche et plus scintillante que Jupiter. Je me souviens d'un temps où déjà ces deux planètes étaient ensemble le soir ; Jupiter se trouvait dans la Vierge, ou peut-être vers le Scorpion ; dans cette partie de sa route certainement, car il faisait son tour sans s'élever beaucoup au-dessus de l'horizon méridional ; il a achevé maintenant son tour de ciel ; ainsi mon souvenir se trouve renvoyé à une date bien déterminée. Je me souviens qu'en ces années-là Saturne se montrait dans le Taureau ; et voilà que Saturne, dérivant aussi vers l'est, mais environ trois fois moins vite que Jupiter, est maintenant avec Jupiter dans le voisinage de l'Épi. C'était donc vers la onzième année de ce siècle qu'appuyé à mon mur paysan, j'observais Jupiter et Vénus ensemble, puis Mars et Saturne ensemble ; ces voyageuses allaient selon leur règle à ces régions du ciel où je les retrouve maintenant. Nous autres nous allions vers la guerre, qui devait mettre en poussière mon mur paysan, le village, et tant d'autres choses ; mais je n'en avais pas même l'idée.

Je retrouvai Jupiter à Verdun au commencement de l'an dix-sept. Il se levait au crépuscule devant nos canons, et l'idée me vint alors de vérifier le parallélisme des pièces en les pointant toutes sur cet astre aisément remarquable ; j'ai su depuis que cette méthode si simple fut aussi appliquée ailleurs ; au reste je ne crois pas qu'une telle idée ait pu venir à un artilleur de métier. Mais le spectacle du ciel me ramène à des pensées plus amples. Le cours régulier des astres imposait aux observateurs cette conclusion que l'avenir du ciel peut être annoncé avec certitude. Le glissement des saisons, les rencontres et séparations des planètes, tout cela vient vers nous d'un mouvement assuré. Il est naturel aussi que, lorsque l'on se souvient par le secours des astres, comme je faisais tout à l'heure, on lie l'avenir humain à l'avenir céleste ; et comme on cherche l'un dans la position actuelle des astres, on fut porté à y chercher l'autre aussi. Quand je revois maintenant par l'imagination ces belles soirées, je ne puis m'empêcher de prévoir par souvenir ; ainsi ces conjonctions d'astres sont maintenant des signes de la guerre. Le pressentiment de tant de maux est lié maintenant au souvenir de cette paisible contemplation. Se souvenir, c'est prédire, et se souvenir par les astres, c'est prédire par les astres. De ces perspectives de la mémoire, dans lesquelles le passé est encore à venir, on devait être conduit à de folles recherches sur la destinée de chacun et de tous ; et ces idées fantastiques firent beaucoup pour ramener l'attention aux choses du ciel et à leurs plus petites circonstances. Les passions soutenaient alors le calcul, et le Prince payait l'horoscope bien plus cher qu'il n'aurait payé une leçon d'astronomie. D'où les observatoires, les instruments et les archives. L'astrologie fut la nourrice de l'astronomie.

12 mars 1922

22

Les paysans lisent l'almanach. Quoi de plus beau pour eux ? Les jours qui viennent et les mois et les saisons, ce sont des jalons pour leurs projets. De l'année qui va suivre, on connaît d'avance certaines choses. D'abord ce qui est comme immuable, c'est-à-dire le départ et le retour des étoiles ; tel est le squelette de l'almanach. Une année, c'est un tour complet des étoiles. Je me souviens que j'ai vu l'an passé Orion, ce grand rectangle orné comme d'un baudrier et d'une épée, basculer à l'ouest comme il fait maintenant ; et Régulus du Lion juste au-dessus de ma tête. Une année a passé ; je le vois, comme je vois sur le cadran de ma pendule qu'une heure vient de passer. Les étoiles marquent les heures aussi ; les pilotes de Virgile suivaient les mouvements de la Grande Ourse autour de l'étoile Polaire ; ce mouvement indique à la fois l'heure et la saison ; au cours d'une année, le minuit de la Grande Ourse fait le tour du cercle ; en ce moment, et au commencement de la nuit, la Grande Ourse est presque au zénith ; cette grande aiguille marque la saison, le temps où le merle siffle, où les narcisses sont fleuris. Il en est de même tous les ans. Ce n'est pas un petit travail que d'expliquer la relation entre l'Ourse qui tourne au ciel et l'oiseau qui fait son nid ; mais encore faut-il commencer par la remarquer, je dirais même par l'admirer. Je crois que les hommes des champs ont un peu trop oublié ce regard vers les étoiles, qui apprit à l'homme les lois les plus simples. Les anciens savaient qu'Arcturus, qu'on nomme aussi le Bouvier, paraît le soir au temps des labours printaniers, et disparaît quand la saison froide et pluvieuse s'avance. Cette science paysanne s'efface. Le laboureur lit le journal. C'est la ville qui imprime l'almanach ; et, à la place des mois qui sont au ciel, elle nous dessine des casiers sans couleur, des semaines et des dimanches selon le commerce et les échéances. Heureusement, la nature célèbre aussi Noël et Pâques ; heureusement, la fête des Rameaux est écrite dans les bois. N'empêche que l'almanach des villes est un autre almanach. Dans l'almanach auquel je rêve, on verrait l'année tourner sur ses gonds ; c'est ouvrir de grandes portes sur l'avenir, et élargir l'espérance. Les hommes seraient plus près d'être poètes, et plus généreux, s'ils ne cessaient de lier leurs travaux à ce grand Univers.

Joignez au tracé des étoiles la course du soleil, son lever, son coucher, sa hauteur dans le ciel ; et aussi les phases de la lune, non pas en chiffres tout secs, mais par description, de façon qu'on ne puisse pas penser à la pleine lune sans imaginer le soleil à l'opposé, de l'autre côté de la terre. Traçons aussi le chemin des planètes, en disant que celle-ci annoncera les premiers froids, et cette autre les premières feuilles.

Je sacrifierais quelque chose de la prévision du temps, toujours incertaine ; ou plutôt, en annonçant par masses, et selon les saisons, j'aurais toujours raison en gros ; pour le détail, je décrirais seulement les possibles, comme sont les giboulées de mars, les orages et la grêle de juin ; il est bon de peupler l'année qui vient d'images vives. Aux caprices du ciel je mêlerais le chant des oiseaux, qui est presque aussi régulier que les astres. Il n'est pas besoin de tant se risquer pour être prophète.

Quant aux travaux des champs et du jardin, on en parle assez dans tout almanach, et c'est le plus beau. Si on y mêlait les plus sûrs conseils de la chimie et de la médecine, l'almanach serait un beau livre.

Quoi de plus ? Une bonne géographie de la région, partant de la structure des terres, décrivant les sources, les ruisseaux, les rochers, les grottes. Aussi, une vue des productions agricoles et industrielles, de la circulation et du prix des choses. Enfin des notions précises sur le mouvement de la population, émigrations, immigrations. L'histoire viendrait tout naturellement, pour expliquer ce qui ne s'explique point autrement. Je vois ce livre très lisible, de beau papier, et solide comme étaient les Bibles. Voilà un beau travail à faire pour les amis du peuple qui ont du loisir.

En attendant ce bel almanach, je voudrais qu'on essayât d'en écrire un à l'école, sur de beaux cahiers. Ce serait l'occasion de toutes les leçons possibles, de vocabulaire, d'orthographe, de calcul, d'astronomie, de physique, de chimie, d'histoire naturelle, et même de jugement à proprement parler. Par exemple, en ce temps où l'on change l'heure officielle, et où les tests sont à la mode, je proposerais ce sujet de rédaction : « Les embarras d'un chef de gare dans la nuit du 12 au 13 avril. » Je pense aussi au calcul de Noël et de Pâques pour l'année qui vient ; la routine est en déroute ici ; il y faut une continuelle réflexion. Si avec cela on marquait la marche des ombres sur le mur, de saison en saison, on verrait la science redevenir une plante rustique, qui ferait une belle ombre à chaque porte.

31 août 1910

23

Le calendrier plaît à l'entendement par cette suite de jours qu'il annonce. Par les lunes qui toujours arrivent à point, par la remontée du soleil, par la nuit vaincue, par une espérance abstraite qui orientent nos projets, enfin par la *Connaissance des Temps*, beau titre d'un beau livre. Cependant le corps[a] humain n'est pas touché par ces prédictions. Nous en sommes assurés, mais nous n'y croyons pas. Nous croyons la neige, la grêle, la tempête, ou les inconstants étés qui durent une heure ou deux. Ainsi tour à tour dépliés et repliés par chaud et froid, nous prenons le parti du Carême, qui n'est que l'humeur mise en doctrine. Cependant quelques plantes se risquent. Le merle retrouve son joyeux chant de flûte. Les fauvettes allongent leur bavardage. Et le loriot déjà, sur le plus haut de l'arbre, crie une sorte de joyeuse nouvelle. Déjà nous croyons entendre le coucou, l'hirondelle et le rossignol. Cette annonciation nous prend au corps. Un poème se cherche. C'est le temps de lire *La Jeune Parque*, ce chant d'oiseau de l'homme.

La religion paysanne, ou païenne, car c'est le même mot, est aussi ancienne que l'homme ; elle ne changera point ; elle ne trouvera point d'incrédules. Et quoique les théologiens, gens de la ville, aient inventé de ridicules manières de deviner l'avenir d'après les mouvements des oiseaux, l'antique divination se fera toujours par un accord entre les plus secrets changements de notre corps et le réveil de la vie universelle. Les signes sont adorés en ce sens que notre geste s'y accorde aussitôt, et nous est un signe de plus. Tels sont les dieux naturels, de forme changeante et composée, mélanges de formes vivantes, qui expriment naïvement et très exactement les présages auxquels nous nous livrons avec bonheur et reconnaissance.

Il y a des théologiens champêtres aussi. L'homme se plaît aux présages, les recherche, les invente. Il y a abondance, pour cette fin de l'hiver, de ces courts poèmes populaires qui, d'après le soleil ou le froid d'un certain jour, nous annoncent hiver court ou hiver long, bonne ou mauvaise récolte. Ce sont des poèmes d'entendement, et manqués. On s'en amuse ; personne n'y croit. Telle est la part de la superstition. Ce sont de vains gestes, sans harmonie. La joie n'y est point. L'aigre discussion s'y met. Cette partie de la religion paysanne fut toujours moquée, et peut-être toujours redoutée, car les passions y jouent[b]. Par exemple, le mauvais présage d'un lièvre qui traverse la route peut être confirmé par le hasard, ou par la crainte même. Cette partie de la religion est triste ; on y croit malgré soi, lorsqu'on y croit ; on souhaite d'en être délivré ; on n'en est jamais tout à fait délivré ; mais on ne l'aime point. J'explique ainsi la fureur théologienne, qui a toujours persécuté la religion heureuse.

J'aimerais à faire la part en toute religion, et jusque dans la plus subtile, des croyances aimées et des croyances abhorrées. Car il se peut bien que le bonheur de croire entraîne naturellement le malheur de croire. Et peut-être faut-il dire que les artistes tirent d'un côté et les théologiens de l'autre. Car les théologiens, qui appartiennent à l'espèce des gouvernants, agissent toujours par la peur, qui enchaîne, et jamais par la joie, qui, au contraire, délivre. Mais les artistes, par un juste sentiment de ce qu'on peut nommer la matière religieuse, nous sauvent toujours de la terreur par une recherche de l'harmonie, même dans le terrible. La plus triste musique console encore. Le sculpteur et le peintre, qui sont les prêtres véritables, finissent par retrouver le secret des dieux. Je donnerais comme règle de la vraie piété qu'il faut croire l'image et se défier du discours. Toutefois on se perd aisément dans les religions urbaines, fondées sur des faits anciens et qu'on ne reverra plus, donc livrées sans contrepoids à l'ivresse d'ordonner. Au lieu que la religion paysanne n'a pas besoin de légende. Ses miracles sont sous nos yeux ; la Pâque paysanne est vraie tous les ans. Tous les ans il est permis à l'homme de communier sans métaphore avec la nature des choses, d'y toucher, de s'y allonger, de s'y remettre et de s'y confier, ce qui est retrouver foi et amour. Car je ne crois pas que la religion d'instinct soit jamais fausse. Mais en revanche je suis prêt à parier que toute religion d'entendement est fausse, pour la même raison[c] qui fait qu'aucune œuvre d'entendement n'est belle.

1er avril 1933

24

Les nuits sont maintenant pythagoriques. Heureux qui devise librement sous le signe de la Lyre, sans espérer ni craindre. « Rien n'est surnaturel, disait l'un, en ces étendues ; tout y est sans reproche, et parfaitement raisonnable. J'ai vu, à distance de spectateur, la célèbre explosion de Verdun, par un beau matin ; cela dura bien deux heures. De puissants météores étaient lancés comme d'un inépuisable cratère. Des explosions faisaient des soleils d'un moment, en cette nébuleuse ; et soyez assurés que le moindre petit éclat retombait selon l'impulsion et selon les chocs. Là-dessous les hommes bondissaient et rebondissaient, peur ou courage, selon d'autres explosions en leurs nerfs et en leurs muscles ; et tout redevenait terre, jusqu'à ce que l'explosion solaire agitât de nouveau cette masse, faisant surgir de nouveaux arbres et blés, hommes et chevaux, obus et guerre, le tout aussi calculable que la trajectoire de cette lune amie. Nul de nous n'en doute. Ce ciel est un livre qui ne promet rien, et qui ne ment point. Comptez qu'une seconde vaille cent mille siècles de nous, en cette horloge de géants. Ce ciel, n'est-ce pas alors l'explosion de Verdun ? Soleils, explosions. Tout ce feuillage, crépitement d'énergie solaire. Et ce chant nocturne, sentez-vous cette force qui frappe l'air à coups redoublés ? Et cette pensée même qui me vient pétille comme un feu. Non, il n'y a point de volonté au monde qui puisse détourner un seul atome en ces tourbillons. Qui connaîtrait parfaitement une tranche de cet univers en cet instant-ci saurait tout l'instant suivant. C'est ce que nos calculs plus simples, vases clos, et nos expériences, vases à peu près clos, vérifient autant de fois qu'on veut. »

L'autre a toujours quelque chose à dire. « Je ne sais si cet âge-ci n'est pas l'âge du surnaturel, au contraire. Car le surnaturel peut bien être pressenti dans les temps d'ignorance, mais il ne peut pas être conçu. Tout est miracle, et rien n'est miracle. Maintenant vous nous amenez au point extrême où le contraire du miracle est si bien rassemblé en lui-même que l'autre terme enfin se montre. Car il n'est point d'homme qui agisse selon ce mécanisme d'avance réglé ; et, pour en venir au principal, il n'est pas d'homme qui pense sous cette idée que ses pensées sont ce qu'elles peuvent être, et qu'il n'y peut rien. Penser exactement cela, ce ne serait plus penser, car tout serait vrai, et même la pensée du fou, oui, vraie comme une trajectoire. Ainsi, dans les temps mêmes où nous reconnaissons que la nature est achevée et imperturbable, par cela même nous commençons à croire tout de bon que le vouloir peut quelque chose. Je laisse les subtilités, les pièges de pensée, qui pourraient nous occuper et nous détourner longtemps. Comme vous allez au principal, je vais aussi au principal. Je me fais pilote, ou Ulysse nageant. Or, mieux il sait que la vague ne veut rien, qu'elle est poussée et balancée par les autres vagues, par le vent et par les astres du ciel, plus il est assuré de cela, plus il ose, plus il s'évertue ; il est tranquille en sa pensée, dans ce chaos sans pensée ; il s'élève et se sauve sur ce mécanisme qui ne trompe point. Ainsi, d'un côté, devant cet objet poussant et poussé, l'homme ne croit rien ; il veut seulement savoir. Mais d'un autre côté, devant cet empire qu'il veut exercer sur lui-même, il jure de croire que cet empire de son propre courage est bien à lui ; non sans limites ; et l'idée héroïque c'est que la limite ne peut être trouvée que par l'essai. Vrai ou faux ? Mais quel sens ont alors ces mots, puisqu'il sera vrai qu'il peut s'il essaie, et vrai qu'il ne peut rien s'il n'essaie pas ? Ici paraît la foi de l'incrédule, chose neuve, chose jeune, et toujours, remarquez-le, contre la force, nommée, déshabillée, jugée. » Là-haut se faisaient les explosions silencieuses, soleils.

7 juin 1928

TROISIÈME PARTIE

VÉRITÉ DE L'APPARENCE ET DÉTOUR THÉORIQUE

... par une netteté de physique et par une assurance que j'ai toujours eue que le petit ou le loin sont tout comme ici, et que tout le mystère de l'univers vient d'un entrecroisement de causes aisées à connaître et chacune sans mystère aucun, je me livrais avec bonheur à cette immense existence, et n'y faisant nulle tâche de sentiment, par cela même j'en avais le sentiment pur, et une sorte d'amour animal confirmé par l'esprit. C'est par cette pureté de couleur que la plus courte description peut creuser soudain l'espace et évoquer soudain le monde et ses marées. Sentiment que j'ai trouvé si vif dans Rousseau, et surtout quand il ne pense pas au créateur. Toutefois cette grande idée du monde tremblerait quelquefois si elle n'était soutenue par un travail d'analyse qui compte parmi les plus difficiles ; car la réfutation de l'Idéalisme est pleine de pièges.

(Histoire de mes pensées)

Reflet n'est pas peu. La science vit de reflets, et même elle en invente. Il ne manque rien à une chose qui dépend de toutes les autres.

(*1er juillet 1933*)

25

Si quelqu'un me demandait où il faut se placer pour apercevoir que le système de Copernic est vrai, je lui dirais : « Ici où vous êtes, et n'importe où. » Le système de Copernic n'est qu'une manière de penser les apparences de ces belles nuits hivernales. On dit quelquefois que Copernic a vu les choses du soleil, abandonnant par la pensée cette petite terre où l'observation est trompeuse. C'est parler trop vite. Un spectateur placé sur le soleil verrait d'autres apparences, mais ce seraient toujours des apparences ; personne ne peut jamais voir autre chose que la perspective du système de Copernic, et cette perspective dépend du point que l'on choisit ; il faut toujours remonter de l'apparence à la chose ; il n'y a point au monde de lunette ni d'observatoire d'où l'on voie autre chose que des apparences. La perception droite, ou, si l'on veut, la science, consiste à se faire une idée exacte de la chose, d'après laquelle idée on pourra expliquer toutes les apparences. Par exemple, on peut penser le soleil à deux cents pas en l'air ; on expliquera ainsi qu'il passe au-dessus des arbres et de la colline ; mais on n'expliquera pas bien que les ombres soient toutes parallèles ; on expliquera encore moins que le soleil se couche au-delà des objets les plus lointains ; on n'expliquera nullement comment deux visées vers le centre du soleil, aux deux extrémités d'une base de cent mètres, soient comme parallèles. Et, en suivant cette idée, on arrive peu à peu à reculer le soleil, d'abord au-delà de la lune, et ensuite bien loin au-delà de la lune, d'où l'on conclura que le soleil est fort gros. Je ne vois point que le soleil est bien plus gros que la terre ; mais je pense qu'il est ainsi. Il n'y a point d'instrument qui me fera voir cette pensée comme vraie.

Cette remarque assez simple mettrait sans doute un peu d'ordre dans ces discussions que l'on peut lire partout sur la valeur des hypothèses scientifiques. Car ceux qui se sont instruits trop vite et qui n'ont jamais réfléchi sur des exemples simples, voudraient qu'on leur montre la vérité comme on voit la lune grossie dans une lunette. Mais, si grossie que soit la lune, elle n'est toujours qu'une apparence sur laquelle il faut raisonner. Je ne vois point de montagnes dans la lune ; je vois seulement des ombres et des lumières. Quelquefois, quand la lune est à son premier quartier, une bonne lunette permet de voir le soleil éclairer des pics au-delà de la ligne d'ombre, avant de pénétrer dans les vallées lunaires ; pourtant[a] ce que je vois n'est point cela ; je vois un point lumineux au-delà de la ligne d'ombre, et je pense que le soleil touche des cimes élevées ; même, d'après cette supposition, je puis calculer géométriquement la hauteur de ces pics supposés ; mais enfin, si je ne raisonne point, je resterai en présence d'apparences qui par elles-mêmes ne me diront rien. Je voudrais croire qu'avec une lunette plus grosse je serais bien plus savant ; toutefois ce n'est pas si simple ; à mesure qu'un instrument est plus puissant, il faut penser davantage pour en tirer quelque chose. Le microscope étourdit l'ignorant, il ne l'instruit point.

24 février 1922

26

Il y a un art de constater, qui importe beaucoup pour la formation de l'esprit, et qui est à portée de tous, mais avec cela le plus ignoré et le plus oublié. Je trouve ma montre dans le gousset d'un autre ; je puis constater que c'est bien ma montre, toutefois je ne puis[a] constater que l'autre l'a volée ; cela je le suppose. Et il est admirable comme cette vue de ma montre réchauffe cette supposition ; et aussi, inversement, comme cette supposition me conduira à prendre aisément cette montre pour la mienne sans un suffisant examen. Une partie de la sagesse consiste à tenir séparées ces deux questions, qui se joignent si naturellement. Car une constatation peut être discutée, et doit l'être ; une supposition aussi[b], mais nullement par les mêmes moyens. L'intelligence se jette au pourquoi, et toujours trop vite ; il faut la ramener à l'objet présent, et encore non pas tel qu'on le suppose, mais tel qu'il se montre. Il est remarquable que les meilleurs instruments réduisent notre perception à de simples apparences, qu'il s'agit seulement de décrire avec précision, par exemple le spectre des couleurs à côté d'une règle graduée, l'image de la lune tangente à un fil tendu devant la lunette, ou bien une aiguille couvrant de sa pointe une des marques du cadran. Cela promptement, et sans s'arrêter à aucune pensée de traverse. Il y a des thermomètres à ce point sensibles qu'il faut lire le degré, au dixième près, dès qu'on les découvre ; car la seule haleine, et même l'approche de notre corps, les fait bondir d'un dixième ou deux. La moindre crainte et aussi le moindre repentir vous font manquer la lecture. Il faut donc que l'intelligence se nettoie de tout ce qui n'est pas cette simple et fugitive apparition. Cette épreuve est bonne à tout âge. Elle met en garde contre cette intempérance de pensée qui est la cause de presque toutes les erreurs.

Hors des instruments, qui sont comme nos œillères, il nous arrive dix fois le jour de confondre ce qui est constaté et ce qui est supposé. Je constate qu'un tel est avare, et que tel autre est vaniteux. Je constate que les Français aiment la gloire. Je constate que le cinématographe plaît au peuple. Ce sont des suppositions. Un homme me parle ; je ne connais pas sa pensée, je la suppose. Si l'on s'arrêtait tout net à l'apparence, en s'appliquant à bien fixer le son, comme font les musiciens quand ils s'accordent, on serait mieux placé ensuite pour deviner. Mais l'homme pense terriblement vite. Faites voir à des enfants quelque tour de cartes, et puis faites-leur trouver, par l'examen des mouvements à découvert et au ralenti, comment et pourquoi ils ont été trompés ; ils seront bien étonnés en comprenant qu'ils ont très peu constaté, et qu'ils ont supposé beaucoup, enfin qu'ils n'ont pas été trompés, mais plutôt qu'ils se sont trompés eux-mêmes, comme le langage l'exprime si énergiquement. Descartes a dit, et cette remarque conduit fort loin, que c'est l'amour qu'ils ont de la vérité qui fait souvent que les hommes se trompent. Ils se défient des apparences, et certes ils n'ont pas tort. Mais ils n'ont pourtant que les apparences pour les conduire au vrai ; aussi doivent-ils d'abord s'en donner une vue exacte, afin d'en[c] garder un tracé correct, sans omission ni addition. Ce premier moment est d'abord méprisé et dépassé. Et la vérité de la peinture est en ceci qu'elle nous y ramène et même nous y retient, par l'apparence fixée. Il est donc profondément vrai que ce sont les peintres qui nous forment à observer.

7 octobre 1923

27

Tout est trompeur dans le mouvement des vagues. Et je comprends qu'Helmolz conseille d'observer longtemps des vagues et des sillages si l'on veut savoir ce que c'est qu'une onde. Ce mot lui-même nous instruit ; mais la première apparence de la mer nous jette aux yeux une idée touchante et fausse, c'est que chaque vague est un être qui court sur la mer comme une voiture roule. Il est vrai que cette belle pente de sable rose fait que la vague s'y étale comme une eau qu'on jetterait. Mais dans les masses d'eau profondes, par l'observation de ce qui flotte sur l'eau, on remarque que le mouvement est à peu près vertical ; l'eau s'élève et s'abaisse. Si je suppose une suite de vases communicants et assez étroits, et, l'eau étant au même niveau dans tous, si je romps l'équilibre en pressant vivement sur la surface du premier, je ferai monter l'eau assez vite dans le second, moins vite dans le troisième ; mais l'eau du deuxième vase retombe par son poids, ce qui soulève assez vite l'eau du troisième, qui déjà montait ; et ainsi de suite, en sorte que ce balancement vertical ira courant d'un vase à l'autre jusqu'au bout, et reviendra. On comprend même que la vitesse de propagation dépendra du canal qui joint un vase à l'autre ; car il est évident que, si le canal est assez petit, il faudra plus de temps pour que l'eau pressée coule d'un vase à l'autre.

Les vagues sont ainsi. Chaque tranche d'eau est pressée par la voisine qui retombe, et ainsi s'élève presque aussitôt, avec un retard qui dépend de la profondeur, car le canal par où ces deux tranches[a] communiquent est la masse d'eau elle-même, immense pour chaque crête de vague dans les eaux profondes, plus resserré à mesure que le fond se rapproche de la surface. D'où je comprends que la vitesse d'une vague ne dépende point de l'impulsion. Pressez plus énergiquement l'eau dans ce premier des vases communicants que j'imaginais ; vous ferez que l'eau s'élèvera davantage ; vous ne ferez point que ce soulèvement coure plus vite. L'idée est simplifiée ; elle me permet du moins de comprendre un peu ce que j'ai lu, c'est que la tape du volcan sur la mer, aux rivages[b] du Chili, traverse le Pacifique avec la même vitesse que la vague de la marée.

C'est là que je voulais venir. La marée est une grande vague, dont les pentes s'étendent à proportion, et qui vient déferler sur nos côtes à la manière de toutes les vagues. Et, au lieu que les petites vagues qui viennent s'étaler à la plage font pleine mer et basse mer en quelques secondes, la grande vague met presque six heures à s'étaler jusqu'au fond de nos ports et à refouler nos fleuves, et le même temps à se retirer, laissant les bateaux sur la vase et découvrant le champ des algues et les petites mares où crabes, homards et crevettes sont prisonniers.

Puisque cette grande vague court vite sur les profondeurs et traîne au contraire sur les points où le fond se relève, je comprends cette double marée du Havre, l'une arrivant après l'autre. Et encore mieux que dans les mers étranglées il arrive que la marée s'annule elle-même, par une compensation de deux vagues successives. Ce qui se voit bien clairement en une grande mare à goulet étroit ; car elle n'a pas eu le temps de se vider quand de nouveau elle se remplit. Mais de toute façon, et même sans goulet, l'amplitude des marées dépend de la concordance des vitesses, c'est-à-dire de fonds, avec la rotation de la terre sur elle-même et les mouvements combinés de la lune et du soleil, qui entretiennent cette grande vague autour de la terre. C'est ainsi qu'un petit garçon qui porte une casserole pleine de lait voit naître soudain une grande tempête et des vagues déferlantes, dès que ses propres mouvements concordent avec les balancements du lait dans cette petite mer ; mais si par hasard son mouvement propre contrarie ceux de la vague, la surface garde à peu près son équilibre. C'est par des causes de ce genre que les géomètres méditerranéens, devant cette mer sans marée, ne purent concevoir la liaison de la lune à nous, autrement qu'à la manière des bonnes femmes.

15 novembre 1927

28

Nos lointains ancêtres n'étaient pas plus sots que nous. Ils avaient sur les bras toute l'expérience, comme nous ; ils étaient eux-mêmes dans l'expérience, comme nous ; leurs moindres mouvements changeaient l'expérience totale comme font nos moindres mouvements ; leurs pensées elles-mêmes étaient dans le grand creuset, comme y sont les nôtres. C'est pourquoi ils succombaient sous le poids du monde et d'eux-mêmes. Les naïfs faiseurs de pluie mettaient en expérience le vaste ciel, la terre et leurs propres prières ensemble ; c'était beaucoup trop pour leur jugement et pour n'importe quel jugement. Ainsi, quand la pluie ne venait pas à leur gré, ils jugeaient seulement que leurs prières avaient été mal faites, ou bien que quelque action ou pensée profane avait souillé l'un d'eux ; il fallait donc recommencer. L'expérience non divisée devait soutenir les erreurs les plus folles.

Nos faiseurs d'orages n'agissent pas autrement et ne pensent pas mieux. Car, mettant en expérience toute la planète politique et eux-mêmes, ils prétendent observer, prévoir, annoncer ; mais l'expérience vérifiera toujours leurs naïves conceptions ; il sera vrai toujours qu'à traiter un peuple en ennemi, on le fait ennemi ; on annonce la guerre et en même temps on s'y met. Il y a des raisons pour tout. Si la guerre vient, on dira qu'on avait donc raison de la préparer ; si la paix suit, on dira que c'est en préparant la guerre qu'on assure la paix.

Où sont donc ceux qui cherchent la vérité comme il faut ? Et comment cherchent-ils ? Je les vois d'abord tous préparés, soit à la physique, soit à la chimie, par l'étude des problèmes les plus simples et les plus séparés, qui sont de mathématique, de mécanique, d'astronomie. C'est là qu'ils prennent ce puissant préjugé que l'on nomme raison ; c'est de là qu'ils empruntent cette méthode d'isoler un fait autant qu'ils peuvent, et de n'étudier qu'une chose à la fois. Sur quoi on leur fait souvent reproche de ce qu'ils manquent le grand Tout ; mais ils le savent bien, qu'ils manquent le grand Tout ; ils s'appliquent justement à l'oublier ; ils ferment la cornue ou le calorimètre ; ils ferment le laboratoire ; ils refusent ces leçons ambiguës que l'univers nous jette à toute minute.

Ils n'ont point tort. Voyez-les, spirites par aventure, c'est-à-dire revenus au problème total, et eux-mêmes dans le problème ; ils croient tout. Car partout il pleut des preuves dont le sens échappe. Porter le monde, comme Atlas, cela vous fait des épaules ; mais le bon sens n'y gagne rien. Porter n'est pas comprendre. Tout au contraire, on ne comprend bien que ce que l'on ne porte point. Bref, il faut commencer par le commencement ; et la nature nous jette justement aux yeux et dans les mains ce qui est le plus obscur et le plus difficile. Il faut comprendre cette ruse de la raison, et cet immense détour, qui nous instruit par le plus simple, le plus abstrait et le moins touchant. Si l'on veut comprendre bien, il faut vouloir comprendre peu. Et le passage de l'abstrait au concret se fait par le lointain objet des astronomes, qui heureusement intéresse aussi nos passions. Sans cette rencontre, et par exemple si on supposait un ciel toujours nuageux, je dirais avec Comte que je ne vois pas comment nous serions sortis de l'enfance fétichiste. On dit bien que l'expérience seule instruit ; mais il faut surmonter l'expérience et la gouverner.

16 mai 1922

29

Les miracles sont toujours contés. Cela ne fait pas qu'on y croie moins ; tout au contraire. Il nous semble que l'esprit humain a des règles pour décider du possible et de l'impossible ; et cela est vrai en un sens. L'homme qui perçoit ne cesse pas de surmonter des apparences et de chercher la chose. Ce genre d'attention que l'on voit dans le chasseur, dans le marin, dans le guetteur, c'est l'incrédulité même. Ici la raison s'exerce, parce qu'elle a un objet. Mais si l'homme fuit devant l'apparence ou s'il frappe la terre de son front, ou s'il se couvre la tête de sa tunique ou de son drap de lit, la règle du possible et de l'impossible est comme perdue. Il se fait à lui-même des contes et se croit lui-même ; il contera aux autres cet événement qu'il n'a point vu, et les autres le croiront ou non, selon la confiance, selon l'amitié, selon le désir, selon les passions ; non point[a] selon l'expérience.

L'idée de l'expérience ne remplace nullement l'expérience. Je pense à un cheval volant ; cette expérience, qui est seulement supposée, n'a point de consistance. Je ne saurais dire comment les ailes tiennent au squelette ; je ne vois point la place, ni le volume, des muscles puissants qui mettraient ces ailes en mouvement. Je ne constate rien. Cela est familier. Mais on ne pense point assez que, si je veux imaginer un cheval galopant, je n'approche pas davantage de ce que l'on appelle percevoir ou constater. Le choc des sabots, la violence faite au sol, le jeu corrélatif des muscles, les cailloux lancés, tout manque ; ce n'est qu'un discours que je me tiens à moi-même. La raison ne s'exerce nullement sur un discours comme sur une chose. Ce sont mes préjugés qui décident alors, et non point mes idées. En vain j'essaie, sur de tels exemples, de croire comme il faut et de douter comme il faut. Peut-on sculpter sans une pierre ? Non, parce que tout manque ; parce que l'outil ne trouve point résistance. De même l'homme ne peut penser sans la chose. Ce fut en hiver, et en pays neigeux, que Descartes se mit à penser à la neige ; en été, et sous le soleil chaud, il aurait pensé de la neige n'importe quoi.

On dit bien que, si je voyais un cheval volant, je devrais raisonnablement accorder mes idées à ce spectacle nouveau. Et très certainement je le ferais. C'est ce que fait le médecin pour tout malade, car rien au monde jamais ne recommence. Je vois un homme ; si je le perçois d'après une idée toute faite, je le prendrai pour un autre ; mais la moindre attention y remédie. Me voilà à penser en percevant ; en un sens d'après mes idées ; mais aussi je les plie et je les conforme à la chose. La vraie géométrie nous enseigne là-dessus ; car ses formes rigides ne sont que préparation à saisir toute forme, et toute courbe par des droites. Si le gibier rompt le filet, c'est le chasseur qui a tort.

Maintenant vous me demandez de plier mes idées à un récit. Comment ferais-je ? Je ne puis même pas former une idée. Je ne puis que croire tout à fait ou douter tout à fait. C'est folie de croire qu'une pensée vraie puisse se continuer seulement une minute, et par pure dialectique, dès qu'elle perd le contact de l'expérience réelle ; la raison est virile devant l'objet, puérile devant le récit. Cette idée-là est la plus importante que l'on puisse trouver à lire Kant, mais la plus cachée aussi. Je ne la trouve point assez marquée, ni même bien saisie en ces savants mémoires où l'on a célébré ces temps-ci le centenaire du penseur de Kœnigsberg.

14 mai 1924

30

Je ferais un physicien lent, car je ne sais pas juger sur pièces. Une expérience que l'on me rapporte n'est rien que je puisse connaître. Si ordinaire qu'elle soit, je n'y puis croire. Tout au plus croirai-je que celui qui me la rapporte est un fort honnête homme ; mais cela ne m'avance point. Je cherche objet et ne trouve que papier. Comment douter d'une expérience sur papier ? Et comment y croirais-je, si je n'en puis douter ?

Je n'en puis douter. Je n'en ai que l'écorce, sans espoir de trouver quelque chose dessous. Il me conte ce qu'il a vu. Fort bien. Mais quand je vois moi-même quelque chose, aussitôt je mets cette apparence à la question. Je m'embusque, je change un peu de place, je tourne autour ; je guette les échanges et les reflets, car tout dépend de tout, et c'est le soleil qui m'explique l'ombre, et non pas le bâton tout seul. Toutefois il faut se défier aussi de l'attention, où il entre toujours un peu de sottise. Je prends relâche, je repose mes yeux, je rêve à d'autres choses, je me remets à neuf. Ainsi j'arrive parfois à ce regard du coin de l'œil, qui fait voir plus d'étoiles que le regard direct. Montaigne avait cette nonchalance bien rusée ; Molière sans doute aussi. Si l'on n'imite point quelquefois le chat qui dort, on ne voit que ce qu'on veut voir. Hélas, on voit sa propre idée ; ce n'est que trop vite fait. Celui qui vérifie ne s'enrichit point. Mais il faut pourtant vérifier. Ainsi, tantôt rassemblé et tantôt dispersé, tantôt en arrêt et tantôt battant la luzerne, il m'arrive de trouver la caille en cherchant le lièvre. C'est ainsi, à ce que je crois, que Descartes regardait la neige. J'ai souvenir d'un bon chimiste qui faisait une leçon tout à fait simple sur les métaux. Il en savait assez et trop là-dessus, aussi n'avait-il point de papier sous les yeux ; mais il tira de sa poche un morceau de plomb, et ne cessa pas un moment de manier, de soupeser, de faire sonner cette chose existante. Toutes ses pensées venaient se rajeunir là.

Julius Robert Mayer naviguait à travers l'Atlantique lorsqu'il découvrit le principe de la conservation de l'énergie. Je crois que ses méditations là-dessus ne furent autre chose que des perceptions continuées, tantôt distinctes, tantôt diffuses, toujours présentes et régulatrices. Continuellement balancé[a], toujours soulevé et retombant, comme ces vagues qui couraient sous ses yeux, il ne cessait point de percevoir par tout son corps la pesanteur en mouvement et cherchant équilibre ; ainsi était-il toujours ramené au cas le plus simple par cette balance des travaux, sur laquelle il pesait et éprouvait, en quelque sorte, ses pensées de chimiste et ses pensées de médecin. D'où résulta ce fameux et précieux Mémoire, si simple et si riche que les pédants de mathématique n'y comprirent d'abord rien du tout. C'est la folie propre aux passions que de mettre sa tête dans ses mains et de penser à des choses que l'on ne perçoit point ; la pensée oscille alors de tout croire à ne rien croire, sans pouvoir du tout s'assurer. Je ris de nos savants d'Institut qui jugent sur pièces, comme font les conseillers à la Cour. La nature des choses leur parle par la bouche d'un conseiller rapporteur. Affaire Einstein contre Brillouin ; appelez les témoins. Par bonheur il se trouve toujours là quelque conseiller physicien qui a apporté un morceau de plomb.

22 juin 1924

31

Il est bien sûr que les faits de nature intéressent tout homme ; encore mieux l'homme s'approche des mécaniques armé d'une merveilleuse attention. Les enfants sont de même ; et je comprends qu'on veuille leur voir toujours en mains un objet qu'ils défont et refont, qu'ils essaient, qu'ils explorent, qu'ils comprennent enfin comme on comprend le mécanisme d'une horloge. Seulement je suis assuré que si l'on espère éveiller l'esprit par ces moyens-là, on se trompe. Ce qui intéresse n'instruit jamais. L'homme est naturellement ingénieux, observateur, inventeur. Vous n'apprendrez rien à un chasseur qu'il ne sache mieux que vous. Et ce n'est pas d'hier qu'on nous invite à admirer[a] le sauvage suivant une piste. Est-ce savoir ? N'y a-t-il pas autre chose à savoir ? Voilà la question.

J'écrivais une fois de plus ces choses, pour répondre à une enquête de pédagogie. J'abrège alors, par nécessité. Je heurte, je contrarie, je déplais. C'est quelque chose. Mais le pédagogue a le cuir épais ; il s'en tient à ses leçons de choses et à l'expérience. L'histoire humaine prouve pourtant assez qu'on peut être un merveilleux tireur d'arc et n'avoir point de bon sens. Le secret de ces choses est en Platon et en Descartes. Or, Platon voulait écrire au fronton de son école : « Nul n'entre ici s'il n'est géomètre » ; et Descartes suppose premièrement qu'un théorème au moins a été compris. Un pédagogue devrait savoir de quoi il parle.

Dans tout fait de nature et dans toute machine il y a un point de difficulté qui rebute, qui doit rebuter. Par exemple, dans une horloge, c'est le mouvement régulier du pendule qu'il faut comprendre ; on ne le peut sans la loi de chute ; on ne peut comprendre la loi de chute si l'on n'est géomètre. Dans le fait de la marée, il y a à comprendre l'effet de la gravitation, d'après les positions relatives du soleil et de la lune ; et, par exemple, il faut savoir pourquoi cette marée de Pâques fut plus forte qu'une autre et relier cela à l'éclipse de lune. Très bien. L'imagination nous représente passablement les deux astres tirant dans la même direction, comme deux hommes tirant sur le même câble. Oui. Mais si l'on demande pourquoi l'effet est le même dans l'éclipse du soleil, où les deux astres sont en conjonction, que dans l'éclipse de lune où ils sont en opposition[b], il y aura de l'embarras. Encore bien plus si l'on demande pourquoi il y a grande marée en même temps des deux côtés opposés de la terre. Ici est le point d'ignorance, sur lequel on passe légèrement. Leçon de choses, cela veut dire qu'on sait qu'il y a grande marée à l'éclipse ; l'effort pour comprendre, et le long détour qui y est nécessaire, on laisse cela, on ajourne cela. Alors que sait-on de plus que ce que sait le pêcheur ? Encore saura-t-on moins bien que lui les retards de la marée, les effets de houle et de tourbillons. Que sont tous ces métiers mal sus ? Fermez l'école, envoyez l'enfant à la chasse ou à la pêche, sous le pouvoir d'un vieux praticien.

Ou bien alors, en cette école heureusement

fermée sur le monde, faisons le difficile détour. Allons à ces difficultés véritables dont l'arithmétique offre les exemples les plus simples. Cela est ennuyeux, j'en conviens ; cela est abstrait, comme vous dites. Cela n'intéresse l'enfant que lorsqu'il a vu la lumière, mais un genre de lumière qu'on ne peut lui jeter dans l'œil ; car c'est l'enfant lui-même qui fera la lumière, par son attention à ses propres pensées, par une volonté de s'en tenir à ce qu'il suppose, par une rigueur enfin qui est toute inventée, et que les choses ne nous proposent jamais. Ces théorèmes sévères ne sont pas intéressants par eux-mêmes ; c'est que par eux-mêmes ils ne sont pas ; il faut les faire et les soutenir. Mais cette lumière, alors, qu'ils montrent, est plus belle que l'aurore ; c'est l'aurore de l'esprit. À ce moment le petit d'homme naît une seconde fois ; il se sait esprit ; il a saisi cet instrument admirable dont Descartes parlait.

Il est vrai aussi qu'en même temps que l'esprit il s'éveille en l'homme autre chose, qui est l'effrayante égalité. Socrate, cherchant dans le cercle, prit pour apprenti géomètre un petit esclave qui portait les manteaux. Le brillant Alcibiade n'avait rien à dire, mais sans doute il mâcha toute la journée de ces pensées qu'on ne dit pas. Le pédagogue est peut-être très fort ; peut-être a-t-il promis à lui-même de n'apprendre le secret de l'égalité qu'à ceux qui seront les maîtres.

25 avril 1931

32

L'agriculteur est une espèce de mineur, qui extrait lui aussi le charbon, sous forme de bois, d'amidon, de sucre, de nectar, de parfum ; seulement, au lieu d'aller chercher le charbon et ses composés à cinq cents mètres sous la terre, il l'extrait de l'air par d'autres procédés, qui sont culture, labour, ensemencements, arrosages. Ce qui vient du fumier dans la plante est fort peu de chose ; toute la plante, autant qu'elle nous nourrit et nous chauffe, est un dépôt de charbon atmosphérique. Il ne peut y avoir de doute là-dessus ; mais tout le monde a des doutes là-dessus au premier moment. Il faut porter la science à bras tendu ; dès que l'effort se relâche, l'imagination revient ; et nous voulons que la plante puise ses résines, ses nectars et sa pulpe nourrissante dans le sol même et transforme la terre en charbon. La transmutation est logée dans nos idées ; et aussi l'explication des propriétés d'un être par sa nature. Les deux idées se tiennent ; et c'est le propre des esprits naïfs de penser la matière et d'oublier l'énergie. Cette chimie[a] solaire, qui remonte l'acide carbonique au niveau du charbon combustible et nutritif, n'entre pas aisément dans nos croyances. Tout à fait par les mêmes causes, il faut que je loge le poids de ce caillou dans son intérieur, et comme un désir inhérent à sa nature ; ce n'est pas l'attraction réciproque entre la terre et le caillou que je crois sentir sur le bout de mon doigt. Et qui croira que la position du soleil et de la lune change un peu le poids des corps ? La marée nous le fait pourtant voir. Mais plutôt la marée ne nous fait rien voir qu'une masse d'eau qui se gonfle et s'étale. Au reste aucune chose[b] ne nous instruit ; toutes au contraire nous trompent. Plus tu constates et plus tu te trompes. Tant que l'homme a raconté ce qu'il a vu, il a raconté des fables. La vérité n'est point faite, elle est à faire.

Au temps où les Gothas venaient sur Paris, un étudiant me disait que les gazomètres menaçaient d'incendie la ville tout entière ; il voyait déjà le feu courir à l'intérieur des tuyaux. Je lui dis : « Il n'arrivera rien de tel ; et votre erreur vient de ce que vous considérez le gaz d'éclairage comme combustible. » Oui, ce que l'expérience de chaque jour nous montre, c'est que le gaz d'éclairage brûle dès qu'on l'allume. Il est ainsi, pensons-nous ; il est ainsi par sa nature. Vous ne le feriez pourtant pas brûler dans une atmosphère d'azote ; non plus dans une atmosphère de gaz d'éclairage ou d'hydrogène. Mais un jet de chlore brûlerait dans une atmosphère d'hydrogène, de même qu'un jet d'hydrogène brûlerait dans une atmosphère de chlore. Et j'aime à demander au chimiste comment il sait que c'est l'un des deux qui brûle, plutôt que l'autre. Ainsi le chimiste est réveillé un petit moment. Toutefois, pour le gaz d'éclairage, il ne se réveille point sans peine. Il faut que je lui propose d'allumer un jet d'oxygène dans une atmosphère de gaz d'éclairage ; les sens lui diront alors que c'est l'oxygène qui brûle ; mais ce n'est point l'oxygène qui brûle ; l'oxygène n'est point combustible par lui-même ; mais l'hydrogène non plus.

Je fais brûler mon feu en soufflant de l'oxygène sur des bûches de charbon ; mais supposons des bûchettes d'oxygène, chose qui n'est pas impossible à réaliser ; il faudra que j'y projette du carbone gazeux, et par exemple du gaz d'éclairage, pour les faire brûler. Et les flammes auront la forme de toute flamme ; et le feu rongera ces bûchettes qui ne sont pourtant point combustibles, c'est ainsi du moins que les livres disent[c] ; mais les livres disent souvent mal, comme on voit dans cet exemple. L'idée qu'un corps a des propriétés indépendantes de sa situation et des autres corps qui l'entourent, cette idée enfantine revient toujours. Au vrai c'est le mélange qui est combustible. Et ces exemples simples font voir comment l'esprit s'endort, et comment on le réveille. Ne vous étonnez pas maintenant s'il dort dans les questions de politique, qui sont bien plus composées.

7 juin 1922

33

Il n'y a point d'idée qui égale la nature des choses. Là-dessus nous pouvons être tranquilles, et écouter sans passion aucune l'homme passionné qui montrera, par de nouvelles expériences, que l'homme le plus savant est encore bien loin d'expliquer tout. Mais quoi ? L'homme a forgé ses idées comme des armes ; et l'histoire des idées ressemble assez à l'histoire des outils. Comme la pioche est un outil pour creuser la terre, ainsi la ligne droite et le triangle des géomètres sont des outils à définir les formes. Et l'on sait depuis les premiers âges qu'il n'y a point une forme réelle qui puisse être décrite absolument par nos moyens ; mais on en peut approcher, de la même manière que l'arpenteur ne mesure pas le contour de chaque motte de terre. Et de même que les premiers outils ont permis d'en fabriquer d'autres, ainsi les premières idées ont permis d'en fabriquer d'autres, non pas cette fois par la forge et l'enclume, mais par les figures tracées et le discours correct. Toute courbe est fille de la droite ; et aucune courbe n'égale aucun objet. La courbe appelée chaînette est déjà assez difficile à former en son idée, mais une chaînette suspendue par ses deux extrémités est quelque chose qui est bien plus composé que la chaînette du géomètre.

Les anciens supposaient que les astres décrivaient des cercles, et cela n'allait pas trop mal. Je dis qu'ils étaient dans le vrai, puisqu'ils commençaient par le plus simple. Nous autres, allant d'outil en outil et de discours en discours, nous disons que les astres décrivent des ellipses ; mais ce n'est pas encore vrai ; nous sommes dans le vrai, ou si l'on veut dans le juste mouvement de la pensée en progrès, mais nous n'égalons pas l'objet. On sait que les planètes, par des actions mutuelles, se détournent quelque peu de la route tracée par le géomètre. Bien mieux[a], aucune planète ne ferme la courbe de son orbite, puisque le soleil les entraîne toutes vers la constellation d'Hercule, qui se trouve vers l'étoile bleue que l'on nomme Véga, étoile des beaux jours.

Aller du connu à l'inconnu, c'est notre lot ; autant dire du simple et abstrait vers le concret et individuel, que nous n'épuiserons pas. Tel canard qui barbote est un monde d'un instant, que Darwin ne peut saisir tout ; mais Darwin, par ses idées, l'aurait saisi mieux que moi. Et les idées de Darwin sont filles de celles qui ont précédé selon l'ordre de raison ; même les classifications, qu'il a voulu réduire et peut-être briser, il a pensé d'abord par elles, comme l'ancien astronome pensait par les sphères de cristal. Qui n'a point suivi ce chemin ne sait rien. Nul État réel n'est démocratique absolument ; mais, comme l'arpenteur, je cherche à quelle forme abstraite de gouvernement il ressemble, et en quoi il en diffère. Cependant l'homme[b] impatient rejette toute idée et plonge tout nu dans la nature des choses, d'où il revient plus chargé de boue et de coquillages que Glaucus le marin. Nous serions tous chargés de science à ce compte, car chaque minute apporte à chacun une expérience prodigieuse qui rassemble le monde des hommes, la terre, et le ciel. Quand Archimède courut par les rues disant : « J'ai trouvé », il ne portait qu'une idée bien imparfaite des corps flottants ; oui, mais fille de géométrie et de mécanique, et riche d'avenir par la distinction et clarté abstraites. Au lieu que nos prophètes inconstants ressemblent plutôt à ce fou que décrivaient les Stoïciens, et qui criait en plein jour : « Il fait jour » ; il n'était pas moins fou pour cela. Et l'homme raisonnable, comme disaient ces rustiques philosophes, n'est pas moins raisonnable quand il se trompe, parce qu'il conserve l'ordre et la suite en ses idées imparfaites, mais correctement pensées. Je profite mieux à lire la physique céleste en Descartes qu'à la chercher dans un journal du matin.

8 mai 1922

34

L'idée de tricher sur le travail est naturelle ; et elle vient de ceci, que nous inventons des machines et en usons, bien avant de les comprendre tout à fait. Quand je tire sur la corde d'une poulie simple pour faire monter un sac de blé jusqu'au grenier, je ne gagne rien, si ce n'est que mes bras et mon corps travaillent plus commodément à tirer de haut en bas qu'à tirer de bas en haut. Représentez-vous l'homme penché hors de la lucarne, mal équilibré, toujours menacé de chute, et gagnant main sur main. Si au contraire je tire d'en bas, il me semble que le poids même de mon corps travaille pour moi ; toutefois, il n'en est rien ; mon corps n'enlève le sac que si j'élève mon corps le long de la corde ; je ne cesse de grimper, et c'est le sac qui grimpe. Tous mes muscles me disent qu'ainsi je travaille moins pour un même résultat. Mais le calculateur secoue la tête et dit non, car il cherche ce qui pourrait bien travailler pour l'homme ; et certes ce n'est pas le sac, ni la poulie. Le travail nécessaire pour élever le sac se compte à la fois en kilogrammes et en mètres ; on n'en peut rien rabattre. Et, dans le moment qu'il pense que c'est quelque chose d'avoir gagné sur la crampe et le vertige, et que c'est tout gagné, le calculateur aperçoit la poulie, qui certes ne s'est pas faite toute seule ; il y a ici, se dit-il, un forgeron invisible qui tire aussi sur la corde.

Le moufle est, comme on sait, une poulie montée à l'envers ; un bout de la corde est fixe ; je tire sur l'autre bout, et je fais monter la poulie, à l'axe de laquelle le sac est maintenant accroché. Cette autre machine remplit d'aise celui qui tire ; car, par la loi des leviers, qui trouve ici son application, tout se passe comme si j'élevais un sac à moitié moins lourd. Avouons que je gagne sur le travail. Mais[a] point du tout, car si je tire un mètre de corde, le sac n'a monté que d'un demi-mètre. Tout compte fait, j'élève un poids moitié moindre sur une longueur double ; je gagne sur les kilogrammes, je perds sur les mètres. Toutefois le muscle ne cesse de dire le contraire, et le muscle est bien éloquent. Aussi s'est-il toujours trouvé des inventeurs mal instruits, ou bien soumis à la riante imagination plutôt qu'au sévère entendement, et qui ont cherché quelque combinaison de leviers, poulies, engrenages qui donnerait, au résultat, plus de travail que l'homme ne lui en fournit. Par exemple, me disait l'un d'eux, si on élevait tout doucement une grande masse d'eau et si on la laissait tomber tout d'un coup, on aurait plus de travail au choc qu'au levier de la pompe. Et en effet l'imagination, qui voit qu'une pierre tombant de dix mètres écrase un homme, n'arrive pas à reconnaître dans cette violence si supérieure à l'homme la somme des longs efforts exercés sur une manivelle pour élever cette pierre au niveau d'où elle est tombée. Comptez pourtant les kilogrammes et les mètres, vous retrouverez votre équation. Et d'où viendrait un supplément d'énergie ? La pierre est inerte ; elle rend ce qu'on lui donne. Et même elle rend moins ; car il faut compter les frottements, et encore une fois le travail du forgeron qui a fait la manivelle et les engrenages.

Ce qui m'intéresse, dans ces exemples si simples et si bien connus, ce n'est pas tant la belle loi d'équivalence qu'une sorte de loi d'illusion qui a trompé tant de chercheurs naïfs. Jules Verne faisait marcher son *Nautilus* par des piles, et, ajoutait-il, grâce à un système de leviers qui multipliait la force sans diminuer la vitesse. Cela plaît. Le miracle plaît. D'où je soupçonne qu'en notre machinisme compliqué nous n'aimons pas à faire les comptes du travail. Tout est brouillé par le charbon et le pétrole, qui sont comme des ressorts que nous trouvons tout tendus ; l'ouvrier n'a plus qu'un petit geste à faire ; la locomotive démarre, l'avion bondit. Toutefois il est évident que ces mécaniques ne se font point seules ; il est évident que charbon et pétrole ne sont pas sous notre main. Le muscle ouvrier tire sur l'avion. J'admets qu'on gagne sur le travail par l'explosif, qui n'est pas tout fabriqué. Toutefois, par cette illusion que je disais, nous arrivons bien aisément à ne plus compter le travail du muscle ouvrier ; et c'est par là que nous arrivons à chercher la vitesse comme une victoire qui ne coûte rien. Or, ici, le calculateur a encore son mot à dire ; car il sait, et il peut prouver, qu'un même transport, à vitesse double, coûte quatre fois plus de travail ; et ce supplément de travail est perdu dans le résultat. La pierre suspendue ne développera pas plus d'énergie à la chute si elle a été élevée à toute vitesse. Et puisque le muscle y prend toujours part, ne perd-il pas son salaire, qui est le résultat, dès que la vitesse est prise pour fin ? Je comprends que celui qui est dans l'auto ne pense pas à ces choses. Mais celui qui pousse l'auto ?

31 décembre 1932

35

Il y a des leçons de choses pour les hommes aussi. Par exemple, dans une école où l'on voudrait enseigner réellement l'Économique et la Morale, on pourrait bien vouloir conduire les élèves dans une mine de charbon, afin de les instruire mieux que par des paroles. *L'Union pour la vérité,* qui est une estimable et courageuse association d'hommes libres, nous a proposé des méthodes de ce genre pour une « École de commune Culture » ; et, de premier mouvement, chacun approuvera. Mais ce n'est pas si simple.

J'ai assez dit qu'il y a une grande vertu, pour régler les pensées, dans une chose qu'on fait. Mais pourquoi ? Parce que toute action réelle veut du temps et des essais, de façon que la chose devient familière. Mais le rôle de spectateur est moins avantageux ; il y faut plus de patience, et l'occasion de voir souvent. Si attentif que l'on soit, il faut voyager souvent sur une ligne de chemin de fer pour connaître les embranchements et les raccordements, j'entends connaître les aiguilles, et distinguer les voies principales ; et c'est encore bien peu de chose. Mais le premier spectacle d'un objet nouveau ne touche que l'imagination ; c'est le même étonnement sans fruit que celui que l'on donne souvent aux enfants, lorsque l'on veut les rendre attentifs comme le chien est au lièvre. C'est pourquoi je ne crois pas que les voyages donnent tant d'idées ; ou bien alors il faut aller lentement, et renoncer à voir tout.

J'ai vu la lune dans des lunettes ; et ce n'était pas désagréable. Pourtant la vue de ces montagnes éclairées par le soleil ne m'a pas instruit. Car il y a un ordre à suivre, et je n'en étais point là, mais plutôt à suivre la vagabonde d'étoile en étoile, et à bien marquer son chemin. Et, malgré tant d'observations, qui me rendaient peu à peu vraiment attentif à ce qui importe, la chose ne m'est pas encore assez familière. Autant à dire des étoiles, du soleil, des planètes ; je les veux loin. La curiosité animale me pousserait à les voir grossies ou rapprochées ; mais la curiosité humaine veut s'en tenir longtemps encore aux premières apparences, afin que les rapports les plus simples ne soient pas troublés. Le fameux Tycho Brahé ne voulait point se servir de lunettes ; il s'en tenait aux réglettes orientées et aux fils tendus. Si les bergers chaldéens avaient eu nos puissants télescopes, ils n'auraient rien appris de la science maîtresse. Il n'est pas bon que le pouvoir d'observer se développe plus vite que l'art d'interpréter. C'est ce qui arrive pour un téléphoniste, qui, par son métier, observe toutes sortes de faits, et qui n'en comprend vraiment aucun. La pratique industrielle, par des raisons d'utilité, cache profondément ce qui importe. Et, quand on me découvrirait tous les rouages, l'accessoire cachera l'essentiel.

C'est pourquoi il est sage d'étudier plutôt les leviers, les grues et les horloges, que d'aller tout de suite aux électrons. L'expérience n'est pas une petite chose ; graduer l'expérience, c'est l'art d'instruire. Enfin je n'ai pas tant de confiance dans l'expérience d'un technicien ; que dire de l'expérience d'un visiteur ? L'esprit se forme à deviner ; l'esprit lance des ponts sur des abîmes. Une main d'ouvrier, marquée par le travail, signifie beaucoup ; une mine de charbon dit trop à la fois. Un treuil est déjà important à considérer ; mais la vraie réflexion, en fin de compte, reviendra toujours à la figure simplifiée, par quoi le treuil apparaît soudain comme un levier, et la poulie de même ; au lieu que la machine réelle cache le mécanisme. Et c'est encore plus vrai de la machine économique, dont la magie propre est justement d'empêcher que l'on voie les rouages. Une banque est impénétrable pour qui n'est point banquier. Un problème d'escompte instruit mieux.

21 janvier 1914

36

Il n'y a point d'horizon. Cette ligne coupante entre le ciel et l'eau, jamais le marin ne la trouve, ni ne la trouvera. Cette ligne sinueuse des bois et des montagnes, et cette brume richement colorée, allez-y voir ; c'est partout comme ici, troncs, feuilles, sentiers, rochers. Le nez dessus, vous vous étonnerez moins, ou bien autrement, comme on peut s'étonner partout. Un bourgeon qui pousse et qui donne une rose, cela est admirable ; une rose de Chine ne l'est pas moins, ni plus. Un Chinois aux yeux bridés est un problème ; mais le paysan que je vois tous les jours est assez chinois pour moi. On dira que l'immense Chine est un mystère ; c'est qu'on ne la voit jamais toute ; c'est un horizon. L'Allemagne de loin est bien chinoise ;

quand on y est, c'est tout comme ici. Mais je connais pas mal de gens qui ne pensent qu'horizons. Ils ne voient pas la bouteille d'huile de ricin qui sort de la poche de nos fascistes ; ils s'étonnent qu'ailleurs on la fasse boire à l'ennemi politique. Les bolcheviks n'avaient pas d'adversaires plus irritants que les socialistes révolutionnaires ; cela semble absurde ; mais regardez chez nous. Qui a vu le boulangisme, l'affaire Dreyfus et la guerre, il a vu toute la chinoiserie du monde. En toutes ces choses aussi il y avait un tour d'horizon, impénétrable à l'esprit, et des choses proches et familières, où se trouvait le secret de toutes les autres, l'ordinaire, qui en effet est très admirable ; seulement il faut se le rendre admirable. Les chasseurs d'horizons s'émerveillent de ce qui est loin.

Il n'y a point de Chine. Il y a à débrouiller quand on y est ; ce n'est pas plus difficile, ni moins, qu'à Paris ou à Pantin. Galilée s'émerveillait d'une bille qui roule sur un plan incliné, et Newton d'une pomme qui tombe de l'arbre. Choses communes ; mais ils arrivaient à n'y plus rien comprendre. Archimède fut stupéfait de se trouver plus léger dans sa baignoire. Je voudrais bien m'étonner aussi du marché couvert, où il ne se passe rien, et d'une baraque improvisée sur le trottoir, où les gens s'écrasent. Mais Démosthène, qui reste à l'horizon, m'intéresse plus qu'un marchand de pâte à rasoir, qui est pourtant un orateur tout vif, dont je pourrais mesurer le souffle, les ruses, les sentiments ; car il est tout franc quelquefois ; il laisse deviner ; il a des silences, de l'amitié, un certain mépris, des reprises, enfin tout ce qui est requis pour vendre la pâte à rasoir ou la molette à couper le verre. Mais je suis pressé ; je vais prendre mes passeports pour une chasse aux horizons. Je trouverai les mêmes choses à Naples, où je n'aurai point non plus le temps de les voir.

Les voyageurs, comme il est aisé de le remarquer, voudraient nous communiquer cette impatience qu'ils eurent, et ce regard qu'ils portèrent sur l'horizon quand ce n'était encore qu'horizon. Ils y réussissent, car nous sommes tous voyageurs-nés, et curieux de ce que nous ne voyons pas encore. Mais quand il faut venir au solide, ils se trouvent dans le même embarras qu'un maître de banque qui veut parler de finances. Et si ce voyageur pénètre et fait comprendre, ce n'est pas parce qu'il revient de loin, c'est parce qu'il est bon partout. Alors il n'y a plus d'enchantements ni de contes, mais l'étonnement réel, qui n'est réel qu'à portée de la main. Au cours de la guerre je rencontrai un homme cultivé, qui venait de Berne, où il était en mission : « Quel périscope ! », disait-il. Je pariai avec moi-même qu'il ne me dirait que des lieux communs, et je gagnai. Les lieux communs sont les mêmes partout, comme l'air, l'eau, le sel, le granit.

Et ces exemples me conduisent à penser à nos physiciens, qui ne décrivent plus que des horizons. Car le très petit fait horizon. On y suppose bien plutôt qu'on y constate, et c'est cela qui est merveille. Car si l'on voyait l'électron, le proton, et autres chinois, comme je vous vois, ce serait aussi ordinaire qu'un tas de gravier, et il s'agirait alors de s'étonner selon Descartes, et non selon Ma Mère l'Oie. Je crois qu'ils en sont là, et qu'ils ont bien envie de dire que le très petit est comme le moyen et le gros, et que le mystère est le même pour l'atome que pour une roue de voiture. Mais ils sont comme les voyageurs ; ils reviennent de loin, et ils veulent nous remettre au seuil de la caverne d'Ali Baba. Quelles merveilles, pensaient-ils, quand cette porte s'ouvrira ! Une porte qui n'est pas encore ouverte, quel horizon ! Le terrassier, plus sage, apporte toujours sa même pioche, quel que soit le trou ; sa pioche, qui lui ressemble.

27 juillet 1933

37

L'idée qu'il y a quelque mystère caché à l'intérieur des choses est une idée folle, mais naturelle ; c'est le fétichisme même, souvenir de nos années d'enfance, et qui nous porte à prier et remercier les arbres, les sources et les rochers, comme nous avons d'abord prié et remercié le papa, la maman, la nourrice, la cuisinière, le jardinier. Nous cherchons toujours des bienfaiteurs, et c'est par quoi je comprends cet éventrement des choses muettes, et cette recherche des dernières parties, comme si l'intérieur devait finalement expliquer l'extérieur. Or l'idée virile, au contraire, c'est que l'intérieur est toujours extérieur, et qu'il n'y a certainement pas plus de mystère dans les petites parties que dans les grosses. La physique de ce temps-ci fera rire, comme chasse aux lutins.

Ce qui a chassé une bonne fois les lutins, et les chassera toujours, c'est l'idée cartésienne de l'étendue, substance de ce monde ; ce qui revient à dire que la vérité de n'importe quelle chose est en dehors de cette chose. Grande ou petite, cette chose est l'atome, c'est-à-dire ce qui est déporté ici ou là par les chocs extérieurs ; et il faut être enfant pour croire que l'atome est petit. L'atome c'est la chose à l'intérieur de laquelle il ne se passe rien. Ou bien, s'il s'y passe quelque chose, ce ne sera encore que relation extérieure entre des éléments dépourvus de nature intérieure ; ainsi l'atome se déplace au cours de nos recherches ; mais le secret des plus petits mouvements est toujours dans l'extérieur, qui nous renvoie à un autre extérieur ; ce que l'inertie, ce principe tout simple, et étonnant par les suites, exprime très bien. Il n'arrive jamais rien que du dehors ; et c'est pourquoi la géométrie, qui n'étudie rien que le dehors tout nu, est la clef de toute les sciences.

L'investigation de l'enfant porte sur ceci : quels sont les biens et les maux enfermés dans une chose comme dans un coffret ? Et je remarque que les coffrets, armoires et portes, toutes choses qu'on ne sait pas ouvrir, et derrière lesquelles il y a jouets ou confitures, sont les mystères de la vie enfantine. Ce genre de jugement et ce genre de curiosité ne nous quittent jamais tout à fait. C'est un bonheur de découvrir qu'une certaine pierre d'opale porte malheur ; car il est bien facile alors de la jeter à la mer, comme Polycrate fit de son fameux anneau. Et, au rebours, il est agréable de penser qu'un morceau d'or porte richesse, comme il porte densité remarquable et couleur jaune. Mais la vraie physique sait bien dire que l'or ne porte pas en lui cette couleur jaune ; elle lui vient du haut du ciel ; car supposons une lumière sans rayons jaunes, l'or serait noir. Et, pareillement, transportons l'or au pôle, il pèsera plus ; à l'équateur, il pèsera moins. Vainement nos doigts nous font sentir que le poids de l'or est dans l'or. Cela n'est point. Mais, dira toujours l'esprit enfant, le poids de l'or est donc dans la terre, qui attire l'or. On ne se prive pas toujours de penser que le centre de la terre est un point magique qui attire toutes les choses. Allez-y donc ; ouvrez la terre, si vous pouvez, vous trouverez à son centre un point d'indifférence où l'attraction terrestre est nulle. L'attraction est une relation entre deux masses, et l'on ne peut pas dire que l'une attire plutôt que l'autre.

La valeur de l'or est une relation aussi. Enfermez une masse d'or dans un coffre imperméable. Il est connu que l'extraction de l'or, le train de toute la production, le régime des travaux, l'assiette des pouvoirs, enfin le monde entier des valeurs changeront d'instant en instant la valeur de cet or enfermé. Ainsi parle la physique des richesses. Mais l'or est un fétiche. Grandet expirant veut saisir l'or, et refermer ses mains sur cette richesse.

Ce qui nous menace, nous tue ou nous conserve, c'est ce qui arrive ; et ce mot a un double sens plein de sagesse. « Hélas, demande Figaro, pourquoi ces choses et non d'autres ? » La réponse est toujours : « Parce qu'il y a eu à l'instant précédent telles autres choses, et non d'autres. » Et ces autres choses nous renvoient encore à d'autres. Au-dehors est l'explication. J'ai entendu plus d'une fois qu'on demandait : « Qu'est-ce que l'électricité ? » Or, si je sais que l'électricité n'est pas un certain fluide enfermé dans un corps, je sais déjà quelque chose qui importe ; mais si je connais les différences de niveau, les flux, les balancements, enfin toutes les relations qui allument les lampes, font tourner les moteurs, décomposent les solutions salines, je sais ce que c'est que l'électricité. Cette prétendue substance, comme toutes les substances du monde, se résout en relations extérieures ; et la matière n'est rien d'autre que cette dépendance réciproque de tout par rapport à tout, sans aucun centre de privilège. Et songez que la physique amusante ne nous apprendra jamais cela ; tout au contraire elle nous le fera oublier[a].

5 janvier 1933

38

Il n'est pas rare que les hommes qui réfléchissent prennent les idées comme vraies ou fausses ;

et quelquefois les mêmes hommes deviennent sceptiques, par l'effet de cette erreur proprement scolastique. Cela ne serait point si l'on reconnaissait dans l'idée le mécanisme du savoir, qui n'est jamais suffisant, mais qui n'est non plus jamais inutile ; et je nommerais homme de jugement celui qui surmonte les idées sans les mépriser. Mais, parce que tout jugement se sèche en idée, comme un fil de soie, me voilà à fermer mon cocon. Un exemple viendra à propos. La Rochefoucauld écrit qu'il y a plus de défauts dans l'humeur que dans l'esprit. C'est bien là une idée ; mais admirez comme l'expression[a] même la divise et la rompt presque, la préparant aux applications. Au contraire si je dis que tous les défauts de l'esprit viennent de l'humeur, me voilà dogmatique, et près du pédant ; dont La Rochefoucauld s'est bien gardé, du moins en cet exemple, voulant nous avertir seulement et nous apprendre à chercher, ce qui est vouloir mesurer la part de l'humeur dans chaque mouvement de l'esprit, en tel moment, en tel homme ; et cela c'est connaître. C'est par ce secours que je passerai de l'opinion que tel enfant est peu intelligent à cette vue plus humaine, qu'il est surtout affectueux et ombrageux, ce qui le rend souvent distrait et toujours timide. Il n'y a point de formule qui dessine l'homme une fois pour toutes, et qui permette enfin de deviner au lieu d'observer, tâche ordinaire des disputeurs ; bien plutôt ces idées d'intelligence et d'humeur sont des instruments d'observation, ou des références, comme on dit quelquefois, qui font paraître en sa juste proportion d'intelligence et de folie l'homme du moment, l'homme qui argumente en serrant les poings. La formule éclaire le réel ; mais elle ne le représente point. Le réel déborde toujours, et c'est en le regardant à travers l'idée, en quelque sorte, que l'on découvre que l'idée n'était pas vraie ; à bien regarder, il n'y a point d'autre découverte que celle-là.

Le cercle du géomètre n'est ni vrai ni faux. L'ellipse non plus. Aucun astre ne décrit un cercle, et les anciens ont fini par s'en apercevoir ; mais aucun astre ne décrit une ellipse ; aucun astre ne ferme sa courbe ; et même il ne décrit aucun genre de courbe ; c'est nous qui décrivons la courbe, et qui attendons l'astre sur sa courbe. Référence, ou grille tendue entre l'objet et nous ; nous ne notons que des écarts. Il est vrai qu'en revanche l'écart ne serait rien sans l'idée ; en sorte qu'il faut dire que l'expérience n'est que par les idées et que toute connaissance est d'expérience. Les longues disputes sur l'idée et le fait viennent ici mourir. J'appelais scolastique cette dispute, parce que l'école a pour fin seulement de nous rendre familières les idées ou références ; mais comment ne glisserait-elle pas à croire qu'elle enseigne des vérités ? C'est le risque du métier. Le pédant croit que les astres obéissent aux lois. Un mathématicien qui avait bien de l'esprit a écrit : « La mathématique est une science dans laquelle on ne sait jamais de quoi l'on parle, ni si ce qu'on dit est vrai. » Mais il faut laisser ce paradoxe en son état naissant ; il n'en pique que mieux.

Revenons à La Rochefoucauld. Il ne nous dit

point que l'humeur explique tous les défauts de l'esprit. La distinction de l'esprit et de l'humeur est une *forme* qui ne définit rien ; et même cette distinction est fausse, puisque l'esprit et l'humeur sont toujours ensemble, et indivisibles ; il n'y a pas plus d'esprit séparé que de cercle parfait ; et l'humeur pure ne serait plus humeur ; et c'est parce qu'il y a une pensée dans le poing fermé que ce poing est de l'homme, et difficile. Ainsi cet exemple est propre à faire voir qu'on peut se servir d'une idée en sachant très bien qu'elle n'est pas vraie. Il faudrait mille exemples, et enfin une pratique constante de ce doute investigateur, pour arriver à comprendre que c'est ce doute même qui fait l'idée et la garde transparente. Et, faute de cet étrange refus d'être content de ses pensées, l'idée se durcit et s'épaissit ; on ne voit plus qu'elle ; on ne voit plus le monde au travers. D'ici, de ce poste mouvant, on peut juger ces critiques si connues, si justes, et si vaines, qui visent l'esprit mathématique. Elles n'atteignent que le pédant de mathématiques, qui croit que les mathématiques sont vraies. Cet homme-là ne voit que ses lunettes.

3 septembre 1929

39

Une de nos fortes têtes m'a dit un jour : « La mathématique est une pratique. » Une telle formule ne termine rien ; mais il est souvent utile de considérer sous cet angle un savoir peut-être trop vénéré. Certainement il y a dans la mathématique des provinces capables de former l'esprit du voyageur ; les formes euclidiennes nous préparent à contempler l'univers en ses variétés. Mais les tristes paysages de l'algèbre n'ont rien qui ressemble aux objets véritables ; et même le voyageur passe souvent par de longs tunnels qui l'invitent à dormir. Des abrégés, comme disait Leibniz, qui nous épargnent beaucoup de peine. Machine à calculer, donc, qui n'est pas infaillible aux premiers essais, mais qui le devient, parce qu'il existe des procédés indirects et assurés de vérifier n'importe quel calcul et n'importe quelle transformation, de façon que l'on peut faire confiance à ce prodigieux outil, dès que la marche en est contrôlée. Je suppose que tout le travail utile, entre nos techniciens de mathématique et le célèbre Einstein, a consisté en de telles vérifications de la machine à calculer.

Une chose est à remarquer à ce sujet-là, c'est que l'attention que l'on apporte à refaire un calcul, ou bien à obtenir une transformation par d'autres moyens, se trouve détournée des choses mêmes, et s'attache seulement à des symboles définis. De même que le voyageur qui a passé sous le tunnel trouve soudainement d'autres couleurs et un autre ciel, de même celui qui a passé par le détour mathématicien se trouve souvent en présence de conclusions étonnantes, dont il ne peut douter si les opérations sont vérifiées, mais qu'il ne peut pas non plus toujours expliquer par nos communes idées. Et, quand l'expérience vérifierait mille fois les opérations, ce n'est toujours qu'un succès de praticien. Les imaginaires font quelquefois dans les calculs des déblaiements et des simplifications incroyables. On voit bien comment, mais on ne sait pas du tout pourquoi. On se frotte les yeux, on recommence, on n'a plus sujet d'en douter ; succès de praticien.

Quand les théories d'Einstein auront été d'un côté vérifiées, quant au calcul, par les artistes calculateurs, et de l'autre confirmées par l'expérience, cela ne donnera toujours pas une forme humaine aux discours des imprudents vulgarisateurs. Mais plutôt, je suppose, d'après les remarques que j'ai déjà pu faire, que les mathématiciens les plus éminents rencontreront alors les mêmes difficultés que nous, et les mêmes pièges, voulant dire que le temps est une quatrième dimension de l'espace, ou que le temps a une vitesse, ou bien que deux temps différents sont simultanés, et autres monstres qui rappellent les monstres non euclidiens, comme l'espace courbe et les parallèles qui se rencontrent. Et cela fait bien voir que l'art de penser, qui consiste à débrouiller les idées selon le commun langage, est tout à fait autre chose que l'art de manier les symboles algébriques. Aussi est-il permis de peser et juger les discours, sans être un praticien de mathématique.

16 avril 1922

40

Corot me fait voir des arbres, une prairie, une vache, une bergère. Qu'ai-je besoin de lui ? dit Pascal, l'homme intelligent. Il ne manque pas d'arbres, ni de prairies, et véritables. Je me reposerai à l'ombre. Et l'océan lui-même est quelque chose de mieux que ce petit ruban de couleurs que le peintre en a gardé. Le vrai océan me mouillera les pieds. Ou bien ce que j'admire n'est-il que l'étonnant travail de l'imitation ? Non, il n'en est rien ; car je n'aime pas être trompé par une peinture ; et bien plutôt le peintre veut que je ne sois point trompé. Le cadre m'est une sorte d'annonce, qui présente la peinture comme telle, qui la sépare. Au contraire ma fenêtre ouverte me jette dans le monde. Il faut que j'y aille ; je fais le tour des choses, je les nomme, j'en use, je les explore.

La peinture refuse l'exploration. Changez de place, soit ; vous éliminez quelque reflet du monde, toutefois[a] vous ne saisissez jamais qu'un aspect, un moment fixé. Que regarde donc l'homme, par cette autre fenêtre ? Pourquoi y revient-il ? Je suppose qu'il s'y voit lui-même. Mais quoi ? Un arbre, une vache, un nuage, une brume bleue ou rousse, voilà un étrange portrait de moi. C'est que le monde peint est plus moi que l'autre. Et pourquoi ?[b] Parce que c'est un homme qui l'a fait ? Faible raison. Ce que me représente le peintre, et selon toute la force du mot, c'est l'heureux premier moment et la première rencontre ; c'est la jeunesse d'une pensée. Il y a une première touche du monde sur les yeux, inexprimable, par une pluie de couleurs dont nous ne savons pas encore le sens. Je suis dans ce chaos, je ne suis que lui. Mais on ne peut peindre cela ; tout l'art est de s'en rapprocher. D'où des tentatives étranges, une apparence brisée, fondue, où je risque de ne reconnaître ni les choses ni moi. On devine les périls de cette investigation à rebours. Il s'agit de ne plus rien comprendre, et c'est une manière de revenir à soi ; toutefois sur le bord[c], et gardant la lueur de pensée juste suffisante pour jouir de ne point penser. Le peintre est comme un père éternel qui sépare la lumière et les ténèbres, mais qui prolonge ce moment sublime. Il balaie le paysage réel ; il nous remet dans le temps sauvage où l'on ne le voit pas encore. Ces collines lointaines, je ne sais ce que c'est et je ne le saurai jamais. Cette route n'est que lumière, couleurs et ombres. Cet arbre sera toujours un pâle fantôme, et si peu un arbre.

Qui se sert des êtres, il ne les voit plus. Un visage humain est un signe connu ; je sais aussitôt ce qu'il faut lui dire, Monsieur le préfet, Madame la marchande de pommes, et choses de ce genre. Le vrai visage se montre au premier moment ; mais l'impétueuse intelligence pratique aussitôt les séparations et les divisions, afin d'aller à son but, qui est de consommer et de manger. Nous mangeons les pommes et jetons la marchande comme une pelure. Du préfet nous emportons promesse et signature. Le préfet valait pourtant bien un arbre. Mais l'arbre même n'est aussitôt qu'un préfet de chauffage, ou un marchand de bois. À faire nous oublions d'être. Aussi le peintre se plaît à son modèle ordinaire ; il en fera une femme aussi neuve qu'Ève, et tout autant éternelle. Il joue encore plus près du jeu s'il peint des pommes, des oranges, une carafe, un livre, un tapis. C'est que ces choses d'usage et familières sont de celles que nous ne voyons plus du tout. Moins elles sont remarquables et plus le peintre triomphe. Il nous éveille à ces choses, par rapport auxquelles nous ne sommes que somnambules ; car le somnambule va sans voir et va très bien ; et c'est ainsi que j'ouvre ma porte et que[d] je mets ma montre à l'heure. Réveille-toi, c'est le mot du peintre.

À ton rêve ? Non. Peindre un rêve c'est ne rien peindre. Et, quelque étrange que ce soit, il n'y a point d'apparence du rêve. Ce bord de l'eau, qui n'est qu'un fil de couleur, il annonce l'eau vraie, il est l'eau vraie. Pourquoi ? Parce qu'il n'est que reflet. Reflet n'est pas peu. La science vit de reflets, et même elle en invente. Il ne manque rien à une chose qui dépend de toutes les autres. Le vrai du rossignol c'est tout le printemps. Le peintre a deviné ces choses ; car l'apparence lui suffit ; il se défend de nommer les choses, ce qui est les séparer ; mais aussi de cette apparence il ne changera pas un fil ; et si ce ruban de route tourne ainsi, exactement ainsi, c'est bien parce qu'il est au monde, et que la bosse de la terre est ainsi et encore ainsi, jusqu'au centre. Il n'y a que le vrai sentier qui dépende des roches, et qui raconte l'histoire de la terre et celle de l'homme. C'est pourquoi toute l'apparence est sacrée. L'idée est pauvre à côté. Une maison voudrait ne dire que le maçon et l'architecte ; mais laissez faire le peintre ; il vous bâtit une maison qui tient à la terre et au ciel, une maison aussi naturelle qu'un rocher. Le peintre n'a point peur d'une maison neuve ; il la voit aussi vieille que le rivage, comme elle est, et ainsi neuve de son vrai neuf, qui vient d'une première vue, toujours première. Le monde n'est pas encore créé, et vous n'en saviez rien.

1er juillet 1933

QUATRIÈME PARTIE

L'OCÉAN INSTITUTEUR ET L'EXISTENCE NUE

« Exister, c'est dépendre, c'est être battu du flot extérieur. Il n'y a point d'événement dans nos idées ; et cela ne définit pas mal l'événement.

— L'événement, dit Lebrun, par l'infini du monde autour ?

*— Trop vite, répondit le vieillard ; il n'y a d'infini ici que par une imprudente abréviation. Simplement une chose pousse, elle-même poussée ; une existence en suppose une autre et une autre, et il n'y a point d'*et cetera *pour l'entendement. Les conditions autour ne perdent point d'importance à mesure qu'on s'éloigne, si ce n'est aux yeux du praticien obtus. L'existence toujours suppose l'existence, hors d'elle toujours et autre ; et voilà l'existence. »*

(Entretiens au bord de la mer *VI*)

41

Comme je me rendais à cette réunion de savants et de philosophes, l'Ombre de Platon me détourna. « Qu'espères-tu apprendre, dit l'Ombre, de ces forgerons mal décrassés ? Il n'y a point de beauté dans leurs propos, et cela est un grand signe ; mais peut-être n'as-tu pas assez appris combien l'opinion vraie est au-dessous de l'idée. N'as-tu point remarqué que l'ambition et la colère, ensemble avec la peur, font aussi une sorte de justice ? Ici de même travaille la partie moyenne de l'âme, laquelle, privée de ses yeux, fait réussir en quelque sorte de ses mains quelque idole de sagesse. Et ce n'est point miracle que cette civilisation mécanique ait produit encore, parmi tant de machines, une machine à penser. Seulement comme vos oiseaux mécaniques s'envolent, sans que les chaudronniers sachent bien comment, ainsi cette idée mécanique se soulève par bonds au-dessus de la terre ; et les chaudronniers applaudissent de leurs larges mains. Mais viens.

Cherchons hors de ces murs quelque image du printemps sicilien et quelque pythagorique harmonie. Car la nature des choses répond mieux à nos idées que ne font ces grossières images, et par de meilleures métaphores. »

Quand nous fûmes donc assis sur la terre généreuse, le merle fit sonner les arbres noirs jusque dans leurs racines ; un chant humain vint à nos oreilles, se mêlant au bruit aigu de la bêche, et les flèches du soleil vinrent se planter dans le sol autour de nous. L'Ombre, alors, fille du soleil, fit revivre l'ancienne doctrine. « Ceux qui ont cherché avant moi, dit-elle, savaient déjà que la chose ne peut porter l'idée, et qu'aucun de ces quatre osselets n'est quatre ; aussi qu'aucune des figures du géomètre ne possède le droit, l'égal, le courbe ; bref, que le nombre, la grandeur et la forme ne sont point collés à la chose comme semblent l'être la couleur et le poids, et que l'inhérence, au moins pour les premières idées, se dissout dans le rapport. D'où Pythagore sut prédire que toutes les qualités seraient peu à peu détachées des choses et expliquées par des relations, comme il savait déjà faire pour l'harmonie des lyres et le son des clochettes ; et sans doute il contemple cette idée en tous ses développements dans le séjour des bienheureux. Mais mon âme voyageuse n'a point quitté cette terre, peut-être trop aimée. Ainsi j'ai retrouvé l'idée dans l'histoire. Au temps du grand Descartes, j'ai vu le mouvement arraché de la chose et élevé au rang des relations, le mouvement n'étant pas plus, comme il dit, dans la chose qui est dite se mouvoir que dans les choses qui l'environnent ; et plus tard, par Newton, ce fut le poids qui fut retiré de la chose, relation seulement entre ce caillou, la terre, la lune, le soleil et toutes les choses, quoique les doigts, fils de la terre, s'obstinent à sentir le poids dans ce caillou même. Et ceux-là maintenant découvrent que la masse, suprême illusion des sens, n'est pas non plus inhérente à la chose, mais traduit encore d'une autre manière la relation de chaque chose à toutes. Toutefois ils sont un peu trop étonnés, il me semble, de cette victoire que les sages de mon temps avaient déjà prévue ; et je vois ces mêmes hommes, trop chargés de terre, vouloir saisir l'atome avec leurs mains, l'atome, image de la relation, puisqu'il exprime que les propriétés de chaque chose lui sont toutes extérieures. Mais quoi ? Il y eut bien un temps où l'on croyait que l'ombre d'un homme faisait partie de lui, et qu'on pouvait la lui prendre. Heureux qui pense le rapport. Pourtant je ne dis point heureux celui qui se sert du rapport pour sa propre fortune, sans le penser en sa pureté. Les sorciers n'ont jamais fait autre chose. » Ainsi parlait l'Ombre de Platon, pendant que le merle chantait.

22 avril 1922

42

Qu'on suppose Aristote revivant au siècle de Kant et de Laplace, et jugeant de nouveau l'éternel platonisme ; voilà Hegel. L'esprit de Platon ne se lasse pas d'interroger la connaissance en vue de se représenter l'être ; et toujours il se retrouve en face de ses propres formes, et d'une physique abstraite. Si pourtant Platon pensait à sa propre idée, il apercevrait que cette idée vraie de Platon est autre chose que la représentation de Platon pour Platon. Car l'idée vraie n'est pas une formule qui ressemble à l'être, c'est l'intérieur même de l'être, c'est sa vie avant d'être sa pensée. C'est ainsi que le nouvel Aristote entreprit de lire de nouveau la nature entière et l'histoire humaine non pas selon la science de Newton, science morte, mais selon l'esprit vivant.

Aristote s'était d'abord délivré de Platon par sa célèbre *Logique*, où il tentait de faire l'inventaire des formes. Hegel pareillement se délivre de la science abstraite dans sa *Logique*, mais en poussant plus avant le système des formes, de façon à montrer comment l'on passe inévitablement d'une logique de l'être à une logique du rapport, c'est-à-dire à un univers d'atomes, de mouvements et de forces, univers tout à fait creux. D'où il ressort clairement qu'il faut attacher de nouveau les attributs[a] aux substances, ce qui sera penser l'idée réelle. Penser Socrate par des rapports, c'est perdre le vrai Socrate. La vertu de Socrate ce n'est pas ce que Platon pense de Socrate ; c'est l'idée même de Socrate se réalisant en lui à travers des contradictions surmontées, qui sont de réelles épreuves. Socrate à la guerre, Socrate en face des trente tyrans, Socrate en face d'Alcibiade, Socrate devant ses juges, Socrate devant Criton qui le vient délivrer, voilà la dialectique réelle par laquelle Socrate conquiert ses illustres attributs, aussi inséparables de lui que sa propre vie. D'après cet exemple, on peut comprendre que l'idée réelle d'un être, c'est la vie de cet être dans le monde des hommes et dans le monde des choses, aventure unique, histoire plus ou moins illustre et qui ne se recommencera jamais. Socrate, exemple éminent et très explicite, nous éclaire une multitude d'autres vies, plus fermées, où le philosophe s'efforcera pourtant de deviner les mouvements de l'esprit en travail. Car on ne peut penser comme objet le vide du rapport extérieur. Donc, si quelque chose est, l'idée est nature.

Retrouver l'idée dans la nature, c'est difficile et périlleux quand la nature n'est qu'astronomie inerte et physique décomposée. Mais dans la vie des animaux il se montre déjà comme une ombre de l'esprit ; toutefois la grande nature domine et reprend ces êtres sous la loi du recommencement. Il n'en est pas ainsi de l'homme ; car l'histoire humaine laisse d'éternelles traces, art, religion, philosophie, où il faut bien reconnaître le pas de l'esprit. Cette histoire absolue éclaire l'histoire des peuples. Les constitutions, le droit, les mœurs sont encore d'autres traces, des traces de pensée. Mais il ne faut pas confondre ces pensées réelles avec les pensées de l'historien ; de la même manière que la pensée qui est en la Vénus de Milo est autre chose que la pensée du critique. Ainsi on est amené, si l'on veut penser vrai, à retrouver les pensées organiques qui ont travaillé à l'intérieur des peuples et des hommes, ce qui est lire l'histoire comme une délivrance de l'esprit. Or cette histoire réelle est bien une dialectique qui avance par contradictions surmontées ; sans quoi l'esprit n'y serait pas. Mais cette dialectique est une histoire, en ce sens que la nécessité extérieure et la loi de la vie ne cessent d'imposer leurs problèmes. Par exemple l'enfant est un problème pour le père, et le père pour l'enfant. Le maître est un problème pour l'esclave, et l'esclave pour le maître. Le travail, l'échange, la police sont des nécessités pour tous. Aussi ce qui est sorti de ces pensées réelles, ce n'est pas une logique de la justice, c'est une histoire de la justice, c'est le droit. Le droit est imparfait, mais en revanche le droit existe ; et le droit est esprit par un devenir sans fin à travers des contradictions surmontées. Contradictions nées de la terre, des travaux, des liens de famille, des passions rebelles, de la vie difficile, enfin d'une lutte sans fin contre les nécessités inférieures. Ainsi c'est bien l'idée qui mène le monde, mais au sens où c'est l'idée qui se montre dans la statue. L'idée abstraite, ou idée du critique, n'a jamais rien fait et ne fera jamais rien. Une telle idée est bien nommée utopie ; elle n'a pas de lieu ; elle n'a pas d'existence. Qu'on juge déjà d'après ce résumé si les marxistes peuvent être dits hégéliens, et si le matérialisme historique est tellement étranger au moderne aristotélisme. Rien n'est moins abstrait que Hegel. Ne croyez pas ce qu'on en dit ; allez-y voir.

25 janvier 1932

43

Le déluge s'est inscrit dans la mémoire des hommes parce que c'est le cataclysme le plus facile à imaginer. La puissance de l'eau est partout visible. La Seine est un fleuve tranquille, mais qui pourrait songer à lui barrer la route ? Nous savons bien que l'eau s'élèverait plus haut que les digues. Il suffit d'une forte pluie d'orage pour que les ruisseaux de nos rues nous fassent penser au déluge universel. La forme même des rues, la pente des toits, tout cela témoigne que nous luttons sans cesse contre la puissance de l'eau.

Une écluse est un des plus beaux spectacles qu'on puisse voir. On admire ces portes gigantesques, et la pression de l'eau est sensible par cette eau jaillissante qui les traverse malgré tout ; mais le plus merveilleux est de voir un bateau chargé de pierres, son équipage, sa petite maison fleurie et pleine d'enfants, tout cela soulevé par la puissance de l'eau. C'est là qu'on voit bien en quel sens l'homme a dompté le monstre, et que le monstre est bien plus puissant que l'homme.

Il m'est arrivé, étant enfant, de lancer des bateaux sur un ruisseau alimenté par le déversoir d'un moulin. L'eau y coulait paisiblement d'ordinaire, avec un murmure de source ; mais, à certaines heures, le bruit lointain du réservoir m'arrivait grossi à travers les saules, et en même temps l'eau s'élevait, devenait noire, et bientôt mugissait sous mes pieds. C'est là que pour la première fois j'ai éprouvé une espèce de terreur religieuse ; car je n'avais pas vu le meunier manœuvrer ses vannes.

Plus tard, quand j'ai vu la mer, pourtant au-delà des côtes plates de Langrune et de Courseulles, lorsque j'ai vu au loin cet horizon d'eau et le mouvement des moutons d'écume, j'ai retrouvé la même émotion, parce que j'ai reconnu la même force. Et cette fois je savais bien qu'il n'y avait pas de meunier ni de vanne, et que nul ne pouvait empêcher la vague de marée de se soulever à son heure.

Depuis, j'ai vu des torrents et des glaciers, et l'un m'a fait comprendre l'autre. En considérant ce bloc de glace grand comme cent cathédrales, qui éventrait la terre et poussait devant lui, en rochers accumulés, de quoi bâtir cent villes, je suis arrivé à comprendre réellement le changement de toutes choses et ce que c'est que la Nécessité. Leçon importante, qui est bien dans les livres, mais à peu près comme Dieu est dans les églises.

3 octobre 1907

44

On conte que Hegel, devant les montagnes, dit seulement : « C'est ainsi. » Je ne crois pas qu'il ait retrouvé dans la suite cette sévère idée de l'existence, qui à ce moment-là lui apparut dans sa pureté. Ce poète cherchait l'esprit partout, essayant, comme il l'a dit, de mener à bien une sorte d'immense théodicée. Ce que ce puissant génie a porté si loin, nous l'essayons tous. Nous voulons croire que l'existence peut être justifiée ; aussi faisons-nous reproche à cette pierre qui tombe et qui n'a point d'égards, à cette pluie qui tombe et qui n'a point d'égards. Juin nous est un dieu subalterne, qui a des devoirs envers nous. « C'est que Dieu est irrité », dit le prêtre. Mais comment prendre pour une punition, ou seulement pour un avertissement, cette aveugle distribution de pluie, de vent et de soleil ? Les éléments sont secoués ; ils se frottent et se heurtent ; tourbillon et orage ici, éclaircie là. Ne cherchez pas un sens à ces mouvements élémentaires ; ils dansent comme ils dansent ; c'est à nous de nous en arranger ; à nous de lancer là-dessus nos projets et nos barques.

Le spectacle des montagnes donne quelque idée du fait accompli, par cette masse qu'il faut contourner. Mais cette immobilité nous trompe encore ; car nous nous y accoutumons ; et à force de penser que c'est ainsi, nous croyons comprendre qu'il n'en pouvait être autrement ; ces masses butées ont une sorte de constance ; nous les prenons pour des individus ; ce ne sont pourtant que des amas ; chaque caillou et chaque grain de sable est heurté de partout, se loge où il peut, et n'y reste guère. Toutefois il faut jeter les yeux sur une longue durée pour arriver à voir couler les montagnes. Les solides nous trompent toujours par une sorte de visage qu'ils offrent. Celui qui ne voit que la terre est toujours superstitieux ; il cherche quelque sens en ces formes qui persistent. Et même le fleuve coule toujours dans le même sens. Si l'on veut former quelque idée de l'existence pure, c'est plutôt la mer qu'il faut regarder. Ici une forme efface l'autre ; un instant efface l'autre. On voudrait parler à la vague, mais déjà elle n'est plus ; tout cela se secoue et ne vise à rien. Chaque goutte est poussée ici et là ; et les gouttes sont faites de gouttes ; ne cherchez point de coupable. Ici est le champ de l'irresponsable. Chaque partie nous renvoie à d'autres, sans aucun centre. « *Tumulte au silence pareil* » ; ainsi parle le poète de ce temps-ci. Pesez cette parole, si vous pouvez. L'homme a donc enfin compris ce murmure qui ne dit rien ?

Il y a beau temps que l'homme l'a compris. Le marin se fie depuis des siècles à cette chose qui ne veut rien, qui ne sait rien, qui se heurte à elle-même sans fin. Le paysan est timide à côté ; il craint parce qu'il espère. Le marin a jugé cette masse fluide, évidemment sans projet et sans mémoire ; et, parce qu'il ne peut espérer rien d'elle, il ne compte alors que sur lui-même. « Il avait un triple airain autour du cœur celui qui le premier se confia à la mer, lui et sa barque » ; ainsi parle le poète latin ; mais cette remarque est d'un paysan. Au contraire l'audace devait naître sur cette bordure des flots, car on y voit clair, assez pour voir qu'il n'a rien à y voir ; cette totale indifférence donne confiance, parce que, devant cette agitation qui ne nous veut ni mal ni bien, l'idée de fatalité se trouve effacée. Les formes terrestres règlent d'avance ce que nous pouvons faire, d'où cette vie païenne, autrement dit paysanne, qui se meut selon le permis et le défendu. La mer nous révèle un autre genre de loi, instrument et moyen pour l'audacieux. D'où il faut revenir, et juger, solide ou non, cette étendue sans fin de l'existence, de l'existence qui n'est ni parfaite ni imparfaite, qui ne nous aime point, qui ne nous hait point, qui est seulement mécanique, et par là gouvernable autant qu'on en saisit l'aveugle jeu. Il est bien remarquable que finalement la physique des liquides ait expliqué les solides et ait servi à défaire ce visage immuable et trompeur que font voir les choses de la terre[a]. Plus l'homme étend ce cercle de l'existence pure, plus il la rapproche de lui-même, jusqu'à la voir circuler en ce monde humain et dans sa propre vie, plus aussi il est fort.

12 juin 1926

45

Quand le grand brassage d'équinoxe traîne sa rumeur de plage en plage et le long de l'estuaire, on retrouve la nature sans l'homme et les pas de la création ; chaque chose se tourne alors selon les autres, et la nécessité de chaque forme se montre. La houle attaque le banc de sable ; on croirait qu'elle va le reculer ou le diminuer ou l'aplanir ; mais c'est qu'on n'a pas bien remarqué le moment où la vague porteuse de sable dépose son fardeau ; c'est justement sur ce dos rond, où elle est ralentie, où elle s'aplatit, où elle rampe ; on se rappelle alors que c'est ainsi que les fleuves violents élèvent leurs rives comme des digues au-dessus de la plaine. Je vois ici ces mêmes effets, seulement ils sont sensibles après une heure ; je vois que l'obstacle grossit par la violence même de l'attaque ; il y aura donc un barrage naturel juste contre le vent dominant ; le fleuve passera le long de l'abri rocheux ; et lui-même, à mesure qu'il sera plus resserré, il creusera plus profondément ce chenal courbe ; c'est ainsi que la mer forme le rivage. C'est ainsi ! Voilà de toutes les pensées la plus difficile à former. Aussi la plus utile ; que sont nos lois si elles ne côtoient pas les lois naturelles ? Et va-t-on décréter qu'une vache donnera deux seaux de lait au lieu d'un ? Voici mesdames les vaches qui arrivent de leur invariable pas ; on voit bien qu'elles ne sont pas citoyennes.

Sur cet ordre restauré, sur cet ordre sauvage paraît le cormoran, qui est une sorte de pélican, que vous voyez une fois nageant comme un cygne noir à gros bec, une autre fois s'élevant en l'air, appuyé sur ses ailes coudées, et ramant contre le vent. Est-il croyable que cette forme soit autre chose qu'un pli noir de la nature, comme sont vagues et nuages, et seulement un peu plus durable ? Ne voit-on pas que les fumées se recourbent de mille manières sans aucun caprice ? Naturelles aussi sont ces grandes ailes si mollement tendues, si puissantes par là ; naturel ce corps en forme de carène, si évidemment tel que l'effort du vent le dessinerait, l'avant arrondi, l'arrière effilé et coupant. Allez-vous écrire dans vos lois que le coupe-vent doit être en avant ? On en a ri, dès que l'on eut regardé attentivement comment une forme nageuse se coulerait dans l'air si elle se déformait sous les pressions. Je n'ai donc nulle envie de changer la forme du cormoran ; je n'en ai même pas l'idée ; mais plutôt j'essaie d'apercevoir toutes ces formes divines, estuaire ou cormoran, qui d'abord m'étaient cachées. Ces formes n'avouent guère.

Maître cormoran se moque de moi. Voici que j'aperçois, sur une roche bien connue, une tige de fer que je n'avais pas remarquée ; ou bien je reconnais de loin un piquet enfoncé dans le sable. Si quelqu'un qui connaît le jeu montre une de ces formes inanimées en disant : « Voilà le cormoran », on se moque. On observe qu'après une heure ou deux rien n'a bougé ; on ne doute plus ; et celui-là même qui savait voir et qui croyait voir, convient qu'il a mal vu. « On s'imagine, dit-il, de petits mouvements, et cela vient du flot environnant qui ne cesse d'agiter ses paillettes ; l'œil se laisse entraîner. » À ce moment, où tous sont d'accord, barre de fer s'envole, piquet s'envole. Et l'on jure de mieux croire.

Il ne sert point de jurer. Le lendemain l'observateur remonte la rivière, et voit autant de cormorans qu'il y a de piquets dans l'ancien parc à moules. « Ce n'est pas moi, dit-il, qui me laisserai prendre à l'apparence d'un piquet. C'est le cormoran ; j'ai saisi le mouvement de son bec sur son jabot. Maintenant que je m'approche, j'aperçois deux ailes à demi étalées. » Il s'approche tant qu'il reconnaît, quoi qu'il lui en coûte, un piquet véritable, qui laisse pendre un débris d'écriteau. Il admire comment l'expérience d'hier brouille celle d'aujourd'hui. Il fait de nouveaux serments. Mais de quoi jurer ? Le lendemain, l'observateur ne voit que des piquets. Vainement l'un d'eux étend des formes d'ailes. L'observateur ne s'y laissera plus prendre. À d'autres ! Déjà il croit lire l'écriteau[a] « Parc à huîtres » ou « Sable gratuit ». Alors majestueusement l'écriteau se change en banderole[b] ; une tête noire se recourbe en crosse ; voilà cormoran parti.

J'apprends ici une sorte de loi de l'homme, c'est que le fait d'hier pèse toujours trop, et que, sous le nom d'expérience, c'est l'expérience même qu'on écrase. Trompeuse mémoire. Je voudrais renverser ces termes comme il faut. Or, il ne faut pas moins que Kant pour nous faire comprendre comment l'expérience est vivifiée par l'idée, c'est-à-dire par la géométrie sans mémoire. Hélas, ici la faute nous guette à chaque tournant ! Mais je suis bien loin de perdre courage. Seulement, si loin des livres[c], et réduit à ma propre forme, je voudrais exercer un mouvement aussi pur et aussi vrai que ce vol d'oiseau. Car il ne se trompe pas d'un fil d'air. Si je pensais comme tu voles, ô cormoran !

15 septembre 1934

46

Le lis n'est pas plus blanc que cette frange d'écume marine ; le myosotis n'est pas plus bleu que ce reflet du ciel sur cette facette de la vague. Mais la vague se roule et se déroule, prenant ici la couleur dorée du sable, laissant plus loin sur le sable humide comme une rose sombre, qui aussitôt pâlit. Ces roches, noires tout à l'heure, brillent maintenant comme des diamants. Ces couleurs sont tordues ensemble, mêlées et démêlées selon les jeux de l'eau, du vent et du soleil. Au creux de la main, cette eau magique qui prenait toutes ces couleurs n'en garde aucune ; et c'est toujours la même eau. Ici, parce que tout trompe, rien ne trompe. Il faut que l'entendement s'éveille et se défie ; il n'a même point le temps de croire.

Cette giroflée est jaune, cette rose est rouge. Ici au contraire il faut que je sois dupe ; il faut que j'imagine cette couleur étendue sur les pétales, comme une chose attachée à une chose. Et quand je remarque que cette couleur est plus terne, et en réalité devient autre de jour en jour et même d'heure en heure, j'imagine maintenant que cette couleur a été enlevée de la fleur, comme on sépare une chose d'une autre. Pareillement ce vert des feuilles, qui va brunir si vite, je ne le vois pourtant point changer, pas plus que je ne vois les feuilles pousser. Ces changements ne sont point à ma mesure. Si la venue d'une vague, et la chute de la crête bouillonnante, durait pour moi autant que mille de mes pas, je verrais la bordure liquide immobile et peinte d'une certaine couleur, comme le peintre la représente. Ainsi cette eau me semblerait revêtue de sa couleur propre comme d'un attribut exprimant sa nature. Et si cette couleur changeait un moment par quelque nuage sur le soleil, je dirais que je suis trompé par cette circonstance, et je chercherais encore la couleur vraie, celle qui appartiendrait à la chose même, qui resterait en elle, qui ferait partie de la vérité de cette chose. Ne la trouvant jamais, et remarquant que même un solide comme l'or est vert, jaune ou rouge, selon que je regarde, je serais sceptique d'après cela, et j'enseignerais que rien n'est vrai ni faux. C'est que je n'aurais pas appris à ne rien croire, ce qui est le commencement de penser et de s'assurer.

L'immobile est trompeur, parce qu'on s'y fie. La coutume s'y attache, et la coutume est prise pour le vrai. C'est ce qui fait croire que l'on peut serrer le vrai dans son esprit, comme l'or dans une bourse. Mais c'est comme si l'on voulait prendre et garder dans le creux de sa main les brillantes couleurs de l'eau marine. Et au contraire, l'idée vivante, l'idée juste, c'est qu'il y a une vérité du changement, d'après laquelle le fluide est plus fidèle que le solide. Les grands continents sont impénétrables si on les compare à cette mer fluide qui porte nos vaisseaux. Et encore bien plus les esprits continentaux sont impénétrables, par ces croyances immuables qu'ils nomment idées. C'est le changement qui les étonne, et qui les trouve dépourvus. Leur modèle c'est l'idole de pierre, et chaque être emprisonné pour toujours en ce qui lui est inhérent. Castes.

Au contraire il faut rompre. Il faut que l'entendement voie toutes choses en mouvements, frottements, chocs et ondes, comme elles sont. Fonctions au lieu de castes ; échanges au lieu de propriétés ; essais au lieu de dogmes. Jusqu'à ces fleurs que je veux penser comme des vagues plus lentes ; et ces couleurs comme des messages de lumière, déformés, filtrés, absorbés, renvoyés. Rien n'est en soi ; rien n'est fait ; tout se fait et se défait. Même ces immobiles rivages, quel sens ont-ils, s'ils ne changent ? Et que signifie cette grande dune de sable, sinon qu'elle se fait et défait d'un continuel mouvement ? D'où nous cherchons passage, comme Ulysse nageur.

1er juin 1927

47

Quelquefois vers les bords de cette grande coupe dorée, on voit dans le sable sec comme de petites vagues[a] immobiles, formées chacune d'un creux et d'une crête ; ce sont les pas du vent. Si l'on regarde mieux, on voit courir de crête en crête une fumée de sable. Un peu plus loin, de rares herbes commencent à se montrer ; on croit d'abord que leur extrême pointe a percé la couche de sable ; mais ce n'est pas ainsi ; bien plutôt le sable en pluie ne cesse de les ensevelir ; quelques-unes se sauvent, poussant aussi vite que le sable monte. Ce gazon rare ralentit un peu l'incessant balayage ; c'est pourquoi un peu plus loin encore le gazon se sauve mieux, jusqu'à former une sorte de feutre qui empêche que le vent emporte du sable, mais qui reçoit toujours et toujours une légère pluie de sable, qu'il ensevelit, qu'il recouvre, qu'il absorbe. Là-bas donc, vagues d'eau et plage de sable ; plus haut, vagues de sable et plage d'herbe. Quand le vent est fort et le temps sec, ce sont de grandes marées de sable, et la bordure d'herbe recule un peu. Par les temps calmes ou mouillés, l'herbe s'affermit au contraire et revient ; ces vagues de l'herbe sont plus lentes encore que les vagues de sable. L'étendue et la pente de la dune indiquent aussitôt le vent dominant. D'autres vents, en certaines parties découvertes, reprennent le sable, font de nouveau une plage de sable et des vagues de sable, un creux en forme de coupe, et une bordure d'herbe, qui marquent aussi, par leur forme et par leur importance, la fréquence et la force de cet autre vent. Ces pistes de vent, inégales et entrecroisées, font une image de création. Un peu plus haut les cultures et les maisons fixent le sol. Le monde existe. La pastourelle ramène les vaches errantes, et rêve. La Vénus terrestre s'est tirée hors des flots.

Image. Ces changements ne sont qu'une image de l'immémoriale création ; car ils se font vite. Les sables courent. La vague d'eau les apporte en son bouillonnement ; le soleil les sèche ; le vent les balaie et les entasse ; cette terre jeune n'est qu'une petite vague, et presque à notre mesure. Des cartes vieilles de deux siècles à peine indiquent l'estuaire d'un petit fleuve à la place de ces champs et de cette dune. Les vieux ont encore vu, sur des pierres à demi enterrées, les anneaux de fer où l'on attachait autrefois les câbles des bateaux. Une nappe d'eau s'étend sous le sable fertile, et se jette aux nuages par les arbres et les moissons. Une petite source, au bas de la pente, remporte vers la mer un peu de sable ; cet enfant de fleuve ne grandira point. Mais c'est le soc[b] du glacier, dans un autre hiver de siècles, qui creusera de nouveau la vallée, non point la même, et qui repoussera à la mer ensemble tous ces débris de bêtes, d'hommes et de dieux. Vagues plus lentes des glaciers qui remontent et descendent en des siècles de siècles.

Le sort de nos pays tempérés est sans doute de n'avoir point d'histoire, parce que le mouvement glaciaire a cette puissance de broyer dont on voit encore des signes au bord de nos vallées, en stries sur les roches dures. Les civilisations plus méridionales, qui périssent au contraire par une trop constante chaleur, sont plus décemment ensevelies. C'est là que l'homme retrouve les signes de l'homme et l'abrégé de l'ancien savoir, et le code aussi de l'esclavage humain, propre à ces contrées. C'est sans doute par quelque cause de ce genre qu'après tant de recommencements nous ne trouvons point de proportion entre l'avancement des sciences et le progrès de la justice. L'heureuse liberté des pays nordiques n'a point laissé de signes. Nos archives sont toutes égyptiennes. Nous sommes sans mémoire propre, et nous vivons d'après une mémoire étrangère. Mais peut-être apprendrons-nous, au déclin de quelque été de six mille ans, à loger nos archives et nos livres de pierre dans le haut de l'Afrique. Ainsi raisonnait l'éphémère, devant le grand sablier.

1er novembre 1927

48

Il y a de la soumission et même de la religion dans l'homme qui laboure ; car il y a loin de ce sillon noir aux moissons couleur de soleil ; et ce qui se fait dans la graine est hors de nos mains, loin même de nos yeux, deux fois caché. Le travail est ainsi une sorte de prière, dont on espère beaucoup, dont on n'est pas assuré. Culte et culture sont le même mot que coultre, qui est soc. L'homme qui forge voit ce qu'il fait. La terre végétale est une invention d'aveugle, comme est l'élevage du chien ;

encore mieux, car on peut agir par force sur le chien, d'après les appétits et les craintes qui habitent en cette forme si bien dessinée ; mais la terre végétale n'a point de forme qu'on puisse décrire ; le chimiste la décompose, mais ne peut la recomposer ; c'est un état de division et de mélange, confus et impénétrable. La terre sans son maître retourne au sable. L'homme ici est serf par la nature des choses. En revanche la propriété apparaît ici comme un droit parce qu'elle est une fonction. La possession n'est rien sans le travail. C'est pourquoi la vertu paysanne est gouvernante ; nous devons suivre ce pas du laboureur.

Par l'impatience que nous ressentons de cette sagesse serve, nous cherchons à la double bordure du champ, vers la montagne ou vers la mer, quelque piste vierge et quelque ennemi mieux déclaré. L'escalade faite, le cap doublé, ce sont des résultats bien clairs. Ici ce fluide divisé et mobile, où, par la liberté des dernières parties, rien n'est caché ni en promesse. Là-haut, sur les pentes désolées, la seule ennemie, qui est la pesanteur, n'est pas cachée non plus ; elle demande tout l'effort dans le moment. Ici comme là les forces se montrent à découvert, sans aucun semblant d'amitié. L'homme y devrait mourir de peur ; tout au contraire, il y court pour le plaisir. Où je reconnais le plaisir du jeu, qui consiste en ceci que l'épreuve a un commencement et une fin, et que le coup suivant, victoire ou défaite, ne dépend pas du précédent. Toutefois derrière ce plaisir, qui est de risquer, et dont le paysan se trouve privé, il y en a un autre, plus intérieur, qui est de sentir qu'on se suffit à soi par une autre puissance, qui défie le destin, mais, encore mieux, qui le défait, par le spectacle de ces forces en action.

Un torrent, une tempête n'enferment aucun destin, mais bien un sort assez clair si l'on manque le saut ou le coup de barre. Au contraire partout où la matière est solide, le destin se cache derrière. Tout mur croulera. Mais quand ? Pourquoi à cet instant ? Le glacier enferme souvent quelque poche d'eau, assez puissante pour noyer vingt villages. Mais cette eau est suspendue dans le solide ; elle pèse et dissout sans qu'on le sache. Et le glacier lui-même avance comme un fleuve ; mais ce mouvement n'est point à notre échelle ; seulement quelquefois un bruit de tonnerre en cette masse cristalline nous avertit et inutilement nous réveille, sans dire quand. La vague dit quand, et le fait voir ; elle ne cesse, petite ou grosse, de compter le temps à notre mesure. Ce qu'elle peut faire, elle le fait. La guerre a aussi cette vertu d'effacer le destin par ces dangers présents et bien clairs. La paix armée est comme le travail des champs, plus difficile sans doute à supporter, par le danger indéterminé, contre quoi les quotidiens travaux ne peuvent rien. Le corps s'en arrangerait ; mais l'esprit supporte difficilement l'attente, qui est son œuvre et son propre mal. D'où une religion des signes. Si les peuples faisaient continuellement des vagues et des marées comme la mer, la politique serait comme une navigation. Sans peur véritable, et je dirais même presque sans péril, puisque presque tout le péril vient ici de la peur. De même voyons-nous que toute science défait les solides. Les tourbillons de Descartes ont commencé la paix de l'esprit.

25 août 1927

49

On a célébré Spinoza ces jours passés ; je me suis uni en pensée à ces pieux discours ; il n'y eut peut-être jamais de républicain si décidé que ce profond penseur ; et il est beau et rare de voir qu'une grande âme refuse tout pouvoir et s'en tienne à la justice. Sur le système, et sur cette transparence impénétrable, il y a trop à dire, et c'est trop lourd pour ces feuilles volantes.

Je veux dire pourtant que les petits-neveux de Descartes tiendront toujours comme étrangère à leur climat cette unité inexprimable et redoutable qui rassemble esprit et corps, tous deux dès lors méconnaissables. Je crois savoir ce que c'est que la loi de l'existence, et qu'elle est sans égards, par cet immense jeu des chocs, des frottements et de la nécessité absolument extérieure ; dont l'océan est l'image, l'océan qui ne veut rien, et qui n'est rien que mobile poussière d'être, que glissement et repli et retours et balancements. Qu'il n'y ait point de dessein là-dedans ni aucun genre d'esprit, je le veux, je m'y tiens. Cette indifférence est ce qui porte le navire, et l'idée de cette indifférence est ce qui porte le navigateur. Maintenant que cela soit encore divin, c'est-à-dire ait valeur, c'est trop. L'idée cartésienne de l'étendue se trouve niée par là ; nous revenons à mêler la chose et l'esprit. Cette chose qui sait où elle va, et qui n'en va pas moins à la manière des machines, cela ramène l'avenir tout fait et le destin mahométan. Au rebours tout esprit, autant qu'il a de perfection, est donc encore machine, et somme d'idées strictement ajustées. Tout est fait et tout est pensé. La philosophie héroïque de Descartes se donnait de l'air, et coupait tout cet Univers en deux et même en trois, machine, entendement, vouloir, regardant d'abord à écrire correctement la situation humaine, et laissant à Dieu d'achever le système, ce qui est un autre genre de piété, non petit.

Balzac, rapportant sans doute l'étonnante parole d'un voyageur, a dit du désert que c'est Dieu sans les hommes. Cela peut aider à comprendre la religion juive et aussi la mahométane, et enfin cette orientale Unité, qui est l'opium de l'esprit peut-être. Devant une terre immense, de sables et de rochers et sous l'immense coupole, l'homme se trouve écrasé et résigné. Actif seulement par la colère, qui est une tempête de sable aussi. D'où, par réflexion, ce culte prosterné. Et, par une réflexion encore plus poussée, cet amour de la puissance infinie comme telle.

Les Grecs respiraient mieux devant la nécessité[a] maritime, aveugle et maniable. D'où aussi cet Olympe politique où les dieux disputent, ce qui laisse un peu de jeu à l'action raisonnable. Et j'aime assez ce jeu ambigu des oracles, autour desquels on tournait comme autour de récifs, de loin visibles. D'où l'homme était ramené à lui-même, et d'où Socrate enfin prenait le courage de penser. Ignorance reconnue, puissance reconnue, risque mesuré. C'est ainsi qu'Ulysse aborde à l'île des Phéaciens. Un moment après l'autre, et ne jamais prévoir sans faire, c'est une sagesse courte et forte. Épictète disait rudement : « Ne t'effraie pas de cette grande mer, il suffit de deux pintes d'eau pour te noyer. » En suivant cette idée, je dirais que le nageur n'a jamais que ces deux pintes d'eau à surmonter. Si grand que soit l'Univers, il ne me presse que selon ma petite surface. Je le divise, et par là je le possède. Plus on se tient ferme à cette idée, qui est de mesure humaine, et plus les tourbillons de Descartes apparaissent profondément différents de cette immense pensée spinoziste, qui pense les vagues et tout le reste ensemble comme un grand cristal aux plans géométriques, où le philosophe se trouve enfermé et aplati comme une plante d'herbier. C'est penser selon Dieu. Mais il faut premièrement penser selon l'homme.

25 février 1927

50

Régler le dedans sur le dehors, c'est une maxime de Comte, par-dessus laquelle galope l'esprit ambitieux, toujours occupé, au contraire, à régler le dehors sur le dedans, ce qui est réformer, inventer, créer. On sait qu'il y a des professeurs qui passent trois ou quatre heures à prouver l'existence du monde ; cela fait rire. Rien n'est plus solidement posé que le monde, rien ne nous tient plus serré, rien n'a moins besoin de preuve. Au reste la preuve est ici hors de lieu ; on ne prouve point l'existence, on la constate. Ce nettoyage fait, il reste un problème vrai sous le problème faux. Les hommes oublient aisément le monde ; ils n'aiment pas y regarder ; ils préfèrent leurs propres créations, discours, écrits, états, règlements. Et il faut convenir que l'habitude de juger sur pièces et sur témoignages, qui définit presque toute l'administration, nous détourne de faire ce relevé de la situation réelle, à quoi il faut du courage, un refus de préférer, et un mépris de récriminer, choses rares, choses viriles. L'inventaire, qui est un compte de choses, nous met en face de vérités qui ne sont pas toutes agréables, et qui nous enlèvent le recours aux arguments, qui fait le bonheur des esprits faibles. « Si l'on m'avait écouté » ; cette phrase, à mes yeux, condamne un homme. Ce qui n'est plus ne peut servir de départ réel pour une action ; cela est évident. Mais l'action est saine et raisonnable toujours ; c'est la pensée qui a besoin de règles ; c'est la pensée qui a besoin d'objets ; or ce qui n'est plus n'est pas un départ ni un appui pour les pensées ; non pas seulement parce qu'il ne sert point d'y penser, mais parce qu'on n'y peut penser. C'est alors que le discours extravague. Et je tiens que l'on ne peut raisonner que sur un fait présent, que l'on reçoit d'abord comme il est.

Les fous ne m'étonnent point par leurs absurdes raisonnements ; et même il n'est pas difficile de retrouver dans leurs divagations une logique passable, et qui vaut bien celle d'un disputeur. Ce qui fait le fou, c'est qu'il a perdu le contact avec la chose telle qu'elle est ; c'est qu'il ne sait plus la voir ; c'est qu'il ne veut pas la voir. Et, tout au contraire, il invente les faits d'après des raisonnements. Il se croit persécuté ; il vous prouve qu'il est victime d'une intrigue très bien menée ; mais tout est supposé d'après une idée qu'il se fait des hommes et des caractères. Il vous dit l'heure et le lieu d'une rencontre ; elle a eu lieu, pense-t-il, parce qu'il y a de bonnes et claires raisons pour qu'elle ait eu lieu. Vous retrouvez ici le point malade de toutes nos pensées. C'est toujours une faute de vouloir prouver l'existence par raisonnement, au lieu d'aller voir et toucher la chose existante. Et n'importe quel passionné, s'il tient un moment sous son regard cette idée si simple, se reconnaîtra lui-même dans le fou. J'avoue que ce moment-là[a] n'est pas agréable.

Attentif donc à couper d'avance tous les nerfs de ce raisonnement intrépide, qui multiplie si bien nos malheurs, j'ai pris comme règle de pratique cette maxime dont chacun pourra faire son profit : « Ce que l'on suppose d'après un raisonnement n'est jamais vrai. » Vous devinez ce qui a été dit dans un entretien secret ; vous raisonnez brillamment, et je n'ai rien à dire contre vous que ce petit mot qui plaisait à Montaigne : « Il n'en est rien. » Et ce petit mot semble bien hardi. « Qu'en savez- vous vous-même ? » Mais si. Je sais très bien qu'il est impossible qu'un raisonnement vienne tomber sur une combinaison réelle, et s'y accorde. La variété est si grande dans le monde, et le concours des circonstances dans le moindre événement est si loin de mesure avec nos calculs, que je parie sans hésiter et toujours contre vous, homme passionné ; je suis sûr que la chose n'a pas été et n'est pas comme vous prouvez qu'elle a dû être. Allons-y voir, si nous pouvons ; à chaque fois je gagnerai. Mais attention ! Si je suis moi-même intéressé à la chose, soit par ambition, soit par amour, je raisonnerai alors au lieu de constater ; je raisonnerai et je perdrai à chaque fois. Ce qui n'empêche pas que ma maxime soit bonne encore ici, comme avertissement. Je l'ai éprouvé plus d'une fois, imaginant, par exemple, les causes qui faisaient qu'une lettre attendue n'arrivait pas. Je raisonnais très bien et je me persuadais moi-même. Mais il m'était bon de me dire : « Cela n'est pas vrai. On ne prouve pas l'existence, on la constate. »

20 août 1929

51

Je n'étais qu'un petit écolier quand j'eus la bonne chance de voir la neige se former, pour ainsi dire, à mon commandement. Un jour de rentrée c'était justement dégel ; tout craquait ; les gouttes qui tombaient des arbres et des toits faisaient des trous dans la neige. Il soufflait un vent chaud chargé de pluie. Ce sont des heures agréables. Or, j'entrai le premier dans une salle de classe fermée depuis plusieurs jours, où l'ancien froid, le froid sec, était demeuré. J'ouvris aussitôt une petite fenêtre, et je vis entrer le courant d'air chaud, car il se trouva marqué par une neige légère et toute fraîche, qui ne venait point du dehors, mais qui se formait aux frontières de l'air chaud et de l'air froid. La zone neigeuse se repliait en volutes, comme font les fumées. Quelques flocons se posèrent sur les tables. Je fis grande attention à cette expérience involontaire, et depuis j'y ai pensé plus d'une fois. C'est ce qui m'a permis de voir, tout récemment, la vapeur d'une locomotive, qui s'enroulait autour des arbres, jeter aussi des flocons légers comme des plumes d'oiseau ; ce sont des faits qu'on ne remarque guère, surtout dans le temps où il neige souvent, et où les arbres sont chargés de neige. Or ce que l'on n'a point vu, on ne le sait jamais bien.

Au contraire, devant cette neige à l'état naissant, je trouvais beaucoup à penser. D'abord, je remarquai, en l'une et l'autre occasion, que la neige se formait par minces pellicules, et non point par masses. Il le faut bien ; car c'est au contact de l'air chaud et humide avec l'air sec et froid que la vapeur d'eau se trouve soudain gelée. Après cela, je poussais plus avant mes réflexions. Comment est la vapeur d'eau dans l'air ? C'est ce qu'on ne sait point. Mais il faut supposer que les parties de l'eau sont alors dans un état d'extrême division, ce qui explique cette glace légère, divisée, groupée en rosaces cristallines, enfermant des parties d'air dans ses menus intervalles. Comme ces chambres de glace sont plus petites que toutes nos mesures, petites même au-delà de toute limite assignable, et puisque l'air n'est qu'un mélange, on peut conjecturer que des parties d'azote et d'oxygène se trouvent ainsi séparées et chambrées. La neige serait donc à la fois un excitant, par l'oxygène séparé, et un engrais, par l'azote séparé. Que la neige fertilise la terre, les paysans l'ont toujours soupçonné. Que la neige soit tonique, et excellente pour les gens fatigués de vivre dans les villes, c'est ce qu'éprouvent ceux qui vont chercher la neige sur les hauteurs, et qui jouent sur traîneaux et patins. J'imagine cette neige secouée et rompue, et nous piquant de ces fines parcelles d'oxygène pur. Mais ce n'est qu'un jeu d'imagination, puisque l'oxygène et l'azote se mélangent aussitôt.

Je suivais ces idées incertaines, pendant qu'un joyeux chimiste, qui n'était à ce moment-là qu'un animal vigoureux, me disait à travers la neige voltigeante : « Sentez-vous l'ozone ? Sentez-vous les piqûres, les effluves, le brûlant contact de l'oxygène concentré ? Voilà le sel de notre vie et de nos pensées. Voilà qui nous sauve de ce perfide été, qui nous fait esclaves, despotes, passionnés, résignés selon l'occasion. Sentez-vous l'aiguillon de la liberté ? Maintenant nous ne devons compter que sur nous-mêmes. Nous voilà, réveillés et en bataille. » Je pensais comme lui. Descartes et Spinoza ont pensé dans la neige. Je sens dans leurs pensées les rudes piquants de l'ozone, bien loin de cette molle poésie qui ne se tire de somnolence que par la fureur. Au diable la vie facile ! Dans le vrai j'aime le doux soleil et les zéphyrs ; et je ne suis pas bien sûr qu'il y ait tant d'ozone dans la neige voltigeante. Mais je suis sûr que cette pensée d'ozone est très bonne par le froid piquant. Il faut toujours s'arranger de ce qui est ; et si on peut[a] s'en réjouir, c'est encore mieux.

15 janvier 1926

52

La neige tombe. Aussi loin qu'on puisse voir ce n'est que changement monotone en apparence, variété sans recommencement si l'on regarde mieux ; il n'y a point deux flocons qui aient la même forme, ni deux flocons qui suivent la même route. Quelquefois on devine un souffle d'air d'après un mouvement du blanc rideau ; mais regardez plus attentivement, vous devinerez d'après ces chutes sinueuses l'air continuellement tordu, tourbillonnant, plein de remous. Par choc ou par fusion ou par congélation peut-être, au contact de ces filets d'air chaud et d'air froid entrelacés, de fragiles existences naissent, grandissent et meurent en un moment ; mais aucune d'elles n'est rien en elle-même, toutes sont par les voisines et se défont par les voisines ; c'est le royaume de rencontre ; chaos et désordre. L'esprit en est comme hébété[a] ; oui, l'esprit nourri et trop nourri d'apparences stables et qui lui ressemblent. Uniformes, fonctions, temples, discours, tout recommence le même. L'esprit adore ce monde ordonné. Il me plaît de savoir d'avance ce que sous-préfet dira, ce que curé, pasteur, rabbin dira. D'avance les saisons je les sais, et même les éclipses, d'après l'idée. Je calcule, et le monde obéit. Ce monde est le miroir de ma raison. Je suppose un ordre et de grands desseins en toutes ces choses, et la subordination des parties à quelque ensemble bien composé. Ce n'est pas comme cette neige.

Cependant elle tombe. Elle me déroule l'existence nue. Pangloss n'entend point cela ; il refait la bonne chanson. « Vêtement pour les maisons et pour la terre. Ô le bon duvet ! Chaque feuille en reçoit le plus qu'elle peut dans son creux comme dans une corbeille. Il est vrai que cette branche vient de casser sous le poids ; mais ce n'est qu'un désordre particulier ; la loi est bonne. » Rêverie faible. La loi n'est ni bonne ni mauvaise. Il s'est produit quelque chose comme ceci. Le soleil remontant a chauffé nos terres tempérées ; l'air plus chaud et plus léger à ce contact s'est élevé et raréfié ; un air plus froid et venant du nord a roulé dans ce trou d'air ; il s'est mêlé à l'air chaud par entrelacements et replis ; sur ces surfaces contournées l'eau, qui se trouvait en vapeur dans l'air chaud, se change en dentelles liquides, aussitôt gelées, qui s'accrochent à d'autres et tombent selon le poids et le volume, sans aucun droit à l'existence, ni sans égards d'aucune sorte. Ici rien ne veut rien ; tout est égal. Selon ce qui l'environne, la parcelle liquide se condense ou s'évapore, tombe ou s'élève. À ce spectacle l'entendement s'éveille, déchire les lois d'apparence, et découvre la loi.

Voltaire vivait selon les lois de l'apparence lorsque, vers le milieu de ce siècle-là, et par le frottement de l'existence sans dessein, tout d'un coup la ville de Lisbonne fut abattue comme un château de dominos, et là-dessous dix mille créatures humaines indifféremment écrasées, le meilleur et le pire selon la même loi des pressions et des résistances, aussi variée en ses effets que cette neige tourbillonnante. Pangloss naquit. *Candide* est le poème de l'existence fortuite, poème amer et durable. La *Henriade* était déjà morte, fade poésie selon l'idée. L'*Iliade* a vécu au contraire et vivra par ce tableau de la nécessité extérieure. « Les générations des hommes sont comme les feuilles des arbres. » « Les Troyens s'élevèrent comme une tempête de pailles[b] et de poussière à la rencontre de deux vents. » Ici la comparaison n'est pas un jeu. Voltaire, laissant ce qui n'était plus que jeu, a livré au vent une poussière d'honnêtes gens, de voleurs et de rois ; et c'est *Candide*.

Grande chose. Voltaire n'a pu porter l'idée ; mais du moins il l'a formée. Voltaire n'était ordinairement que raison ; il suivait et adorait Newton en ses majestueuses lois, qui ne sont au vrai que des abrégés. Il n'en savait pas assez pour ramener tout l'univers des choses aux frottements, chocs et échanges d'une partie, aussi petite qu'on voudra, avec ses voisines, selon la mâle sagesse de Descartes. Encore bien moins aperçut-il que cette aveugle nécessité sommait l'homme de vouloir. Du moins il refusa un moment cette raison d'État, masquée en raison universelle, et qui tue dix mille hommes pour le bien de l'ensemble. Ce jour-là il prit de l'humeur, et de l'humeur fit entendement. Œuvre mêlée ; œuvre d'homme.

12 janvier 1927

53

Créer n'est pas difficile ; c'est décomposer qui est difficile. Dieu avait devant lui le chaos ; il ne se heurtait pas à des droits acquis. Mais les arrangements vaille que vaille ont fait un désordre de belle apparence, qui nous cache la nature. Là-dedans il faut vivre, et le compromis répond au droit acquis. La politique se meut sur des ossements, car nous ne sommes point des dieux. Cela accordé, on ne peut dire jusqu'où descendrait la politique si elle n'était que politique. Par bonheur le jugement, cet incrédule, met tout en charpie d'abord. La monnaie est un être second que le banquier et le politique manient sans le défaire.

L'avare aussi est un être second ; le brave et le lâche, l'impérieux et le timide, le vaniteux et le cynique sont de même ; ce ne sont point des éléments. Composer un roman par un rapprochement de caractères, c'est vouloir faire un monde avec des idées.

Quand j'étais enfant, je croyais qu'un nuage était un être qui venait tout fait de quelque part. L'apparence vérifie quelquefois cette supposition, mais non pas toujours. En observant mieux, j'ai vu des nuages se former dans un ciel pur. Puis, comprenant mieux ce que c'est qu'un nuage, j'ai vu les nuages se former et se dissoudre d'instant en instant, par la rencontre et le brassage des volutes d'air chaud et d'air froid. Par une réflexion un peu plus difficile, j'ai cessé de concevoir la foudre comme un personnage caché dans un nuage bien noir ; mais plutôt j'ai compris la foudre comme une différence de niveau, comme une relation. Cela est facile, et bien loin de l'homme. Toutefois ces problèmes simples m'ont appris à dissoudre d'autres personnages de belle apparence. Il y a des cas où l'on rit d'avoir pu se tromper. Un peu de vent, un peu de poussière fait quelquefois une larme ; un moucheron dans l'œil aussi.

L'homme est fait d'un cerveau, d'un cœur, de deux poumons, et autres organes. Santé et maladie dépendent d'accords ou de querelles entre ces personnages. Et cela est commode pour en parler. Mais le génie médical, en ses éclairs, qui font la vraie médecine, dissout ces personnages de tragédie. Des tissus vivants repliés sur un support rocheux ; le sang lui-même tissu ; cela ramène à l'unité réelle de l'homme ; et, par cette vue même, le monde traverse l'homme et brasse ces tissus comme la mer brasse les algues.

Aussi les pensées, car il faut tout décrire. Et, partant du signe, on devine toujours mieux les vraies pensées d'un homme, si on les lit dans ce mouvement d'algues remuées. Un diplomate quelquefois, après s'être battu contre toute la politique, lieux communs, précédents, finesses supposées, reconnaît en lumière favorable son frère le madrépore, dépôt rocheux recouvert de végétations flottantes qui disent oui ou non. Il argumente alors de ses propres algues. À quoi les fraises à la crème ou le poulet aux champignons peuvent aider beaucoup. Mais expliquer le lien entre les gestes élémentaires et les plus hautes idées, c'est trop difficile. Je saute donc aux idées les plus hautes, et j'y remarque encore le même art de défaire. Car les nombres faits, nul n'y comprend rien ; les calculateurs se meuvent à l'aveugle dans cette matière seconde. Mais le profond mathématicien se donne un et zéro ; il trouve que c'est encore trop. Il se remet toujours dans la position de départ, supposant qu'il n'y ait pas encore de nombres. Car on ne fait pas une idée avec des idées ; il faut se placer devant le monde tout nu. Chaos, objet de choix.

3 juillet 1928

54

Quelquefois, célébrant le héros qui se mesure avec le monde et qui brave la douleur, on glisse à louer la douleur elle-même, et aussi cette aveugle nécessité du monde, qui n'a point d'égards. C'est adorer les idoles. Certainement le pouvoir de souffrir est signe de la puissance ; par exemple il est souvent plus honorable de souffrir d'une injure que d'y être indifférent ; et, plus précisément, c'est grandeur si l'on souffre au spectacle de l'oppression plus que l'opprimé lui-même. C'est perfection et non imperfection de l'oreille si l'on est ému désagréablement d'une note un peu fausse. On souffre enfin en proportion de ce qu'on exige. C'est pourquoi, avançant de proche en proche jusqu'aux bords de l'obscure douleur qu'on dit physique, j'y supposerais encore de l'indignation, j'entends une lutte entre ce qui devrait être et ce qui est[a]. L'univers en est cause aussi, parce qu'il frappe en sourd et en aveugle, comme il est ; mais ce n'est point par ce côté-là que la douleur est grande et belle. Et si l'on louait l'univers de ces dures épreuves qu'il nous apporte, ce serait à peu près comme si l'on voulait louer la guerre parce qu'elle fait paraître des héros. Je loue le héros qui surmonte, je ne loue point la guerre qui frappe.

Encore moins irai-je louer cet univers mécanique. Éloge perdu ; l'existence n'en a pas besoin ;

éloge aussi vain que le blâme. La mer s'étale selon la nécessité. La bordure de l'eau contourne le moindre caillou, dessinant le mouvant équilibre ; la lumière s'y joue selon le soleil et le nuage ; la moindre ride se conforme au soleil, à la lune, au vent. Tout subit tout. Cela n'est ni mal ni bien. C'est ainsi.

Cette idée est jeune. Il n'y a pas longtemps que l'homme se fie à lui-même au lieu d'immoler un taureau à Neptune. Et il reste toujours trop[b] de cet ancien esprit, encore gravé dans le langage, qui suppose une vertu dans chaque chose, et comme une offense du fer chaud à la main. Tout le coupant de l'intelligence, comme celui du fer, résulte de ce qu'elle se ramasse en elle-même et se retire de l'inflexible nécessité. Il y a loin des grains de minerai mêlés à la terre[c] à cette lame de sabre ; ainsi l'esprit diffus. Le passager se lamente et prie ; mais le pilote agit, prenant l'existence pour ce qu'elle est.

Je crois assez que la mer fut l'institutrice, bien plus que la forêt ou le champ. On voit loin sur la mer, et cette masse fluide exprime mieux que les rochers ou la terre boueuse les balancements de l'universelle mécanique. Et le navire témoigne mieux que la charrue de ce que l'homme peut, quoique plus dangereusement. Le pilote invente ; le laboureur imite. Il est vrai que le pilote instruit le laboureur ; mais il est vrai aussi que les vastes continents nourrissent encore d'autres idées sur la nature et sur l'homme que celles qui naissent et se reformment sur les côtes dentelées. Ici c'est l'existence[d] pure qui remplit la coupe de l'esprit. Saine boisson.

12 décembre 1923

CINQUIÈME PARTIE

LA NATURE DANS L'HOMME

Plus l'homme étend ce cercle de l'existence pure, plus il le rapproche de lui-même jusqu'à le voir circuler dans ce monde humain et dans sa propre vie, plus aussi il est fort.

(Libres Propos, *12 juin 1926*)

L'imagination produit sans cesse des signes capricieux, comme sont ces folles liaisons d'une chose à une autre très différente, ou bien ces assonances, et ces rythmes aussi, qui sont d'abord comme des jeux de tambour. Le penseur abstrait tambourine ainsi de ses doigts et de tout son corps, mais il n'y fait point attention ; le propre du poète est de faire musique et enfin pensée de tous les gestes de tambourinage. Telle est la sauvage pensée, mais réelle et forte, d'où sont sorties toutes nos idées ; et la superstition consiste toujours à chercher un sens aux liaisons fortuites. Presque toujours cette pensée puérile reste au-dessous de la pensée. Il n'y a que le poète qui fasse le passage, accordant ensemble le plus fortuit et le plus raisonnable. Et l'inspiration n'est jamais qu'une confiance héroïque en la nature animale, comme si les mille bruits du monde et cette pluie du monde sur le corps ne faisaient qu'un avec la partie la plus raisonnable. D'où vient que la raison prend corps, et au rebours, que ce monde prend droit et beauté.

(Libres Propos, *22 mars 1924*)

55

Quand on revient de la campagne immobile, où chaque chose semble fermée sur soi et existant pour soi, la tremblante bordure de l'eau marine signifie quelque chose. Car elle ne cesse point d'avancer et de reculer, dessinant des îles et presqu'îles, couvrant et découvrant, selon vent et marée. Toutes les choses sont en une ; toute la mer pousse et retient l'extrême et la plus petite vague, et la lune même qui s'y mire y joue autrement qu'en image, par son poids invisible. Ainsi, contemplant l'océan sans mémoire, nous voulons effacer le temps, penser tout à neuf, et agir à neuf, comme au temps des cavernes. Car le sillage n'écrit rien ; et, après la tempête, la mer est la même, et neuve toujours. Mais, au contraire, comment lire tous ces signes sur la terre, et ces signes encore au-dessous ? Ici mémoire nous tient. Ici le destin est écrit.

L'homme est d'eau et de roc. Par l'eau il rajeunit, par le roc il vieillit. Or il choisit trop de vieillir. Mais Thalès, fort sagement, disait que toutes choses sont faites d'eau. J'entends que ce géomètre, mieux assuré de l'immobile, voyait couler aussi les montagnes. Ainsi réveillant à elle-même sa nature océanique, l'Ionien se voulait garder fluide et oublieux. Et certes on peut bien dire que le solide a soutenu d'abord la géométrie ; mais c'est le fluide qui l'a confirmée.

Devinant donc autre chose, dans les signes humains, que cette écriture dont l'homme se veut peindre et tatouer à jamais, je voudrais dessiner le visage humain à l'image de cette bordure liquide où s'expriment en raccourci les voyages de la lune, les airs, les vents, et les saisons, voyages de la terre. Car la vengeance prétend aller selon ce qui fut écrit une fois. Elle me trompe par le caractère ; et le caractère lui-même me trompe par la crainte. Mais il y a une autre manière de lire. Et je ne veux point tant vénérer ces tombeaux qui parlent, mais plutôt saisir, en ses causes autour, cette vengeance fluide et d'un instant. Comme je sais bien que cet aigre vent de mai ne durera pas toujours, ainsi j'attends ce visage apaisé et cette mer calme, sur laquelle je recommencerai mes pêches et mes voyages, à la manière d'Ulysse revenant. Et lui de même retrouvera sa propre paix et l'équilibre de son corps fluide, et l'oubli courageux. Défaisant donc ses propres plis, comme la mer, il ne jurera point de haïr toujours parce qu'il s'est mis en colère une fois, ni d'être sot toute sa vie parce qu'il a dit une fois un mot pour un autre, ni de craindre toujours ce qui lui a fait peur une fois. Mémoire nous tient assez par l'âge.

Heureux donc, comme conseille le médecin, qui se lave aux flots océaniques, hors de lui et en lui-même, semblable à un linge dans le sillage, et qui lave aussi son esprit de cette funeste idée que l'on ne peut se laver de rien. C'est savoir dormir, et c'est un grand savoir.

16 mai 1926

56

Chacun a de l'humeur selon le vent et selon l'estomac. L'un donne un coup de pied dans la porte, l'autre frappe l'air par des paroles qui n'ont pas plus de sens que les coups de pied. La grandeur d'âme laisse tomber ces incidents dans l'oubli ; qu'elle les subisse des autres ou de soi, elle les pardonne parfaitement parce qu'elle n'y pense jamais. Mais ce qui est commun, c'est de consacrer l'humeur et en quelque sorte d'en jurer ; c'est ainsi que l'on se fait un caractère ; et, de ce qu'on a pris de l'humeur un jour contre quelqu'un, on vient à l'aimer moins. Pardonner à soi en ce sens-là, c'est plus rare qu'il ne faudrait ; et c'est souvent la première condition si l'on veut pardonner aux autres. Au contraire, un genre de remords sans mesure est souvent ce qui grossit la faute de l'autre[a]. Ainsi, chacun promène son humeur pensée, disant : « Je suis ainsi. » C'est toujours dire plus qu'on ne sait.

Il arrive que l'on supporte mal les parfums ; cette humeur contre les bouquets et l'eau de Cologne n'est point constante. Mais chercher et flairer le moindre parfum et jurer qu'on en fera migraine, c'est ce qui se voit. On jure de tout, comme de tousser pour la fumée. Chacun a connu de ces tyrans domestiques. Celui qui souffre d'insomnie jure de ne point dormir. Et s'il décrète que le moindre bruit le réveille, le voilà à guetter tous les bruits et à accuser toute la maison. Cela va jusqu'à s'irriter d'avoir dormi, comme d'avoir manqué de vigilance à l'égard de son propre caractère. On fait infatuation de tout, et même de perdre aux cartes, comme j'ai vu.

Il y a des gens qui se mettent à croire qu'ils n'ont plus de mémoire, ou bien qu'ils ne trouvent plus leurs mots. Ici la preuve ne se fait pas attendre, et cette comédie de bonne foi tourne quelquefois en tragédie. On ne peut nier les réelles maladies et les effets de l'âge ; mais les médecins ont depuis longtemps remarqué ce redoutable esprit de système qui fait que le malade cherche les symptômes, et trop aisément les trouve. Cette amplification fait presque le tout des passions et une bonne part des maladies, surtout mentales. Charcot en vint à ne plus croire du tout ce que ses malades disaient d'elles-mêmes ; et l'on peut affirmer que certaines maladies ont disparu ou presque par l'incrédulité des médecins.

L'ingénieux système de Freud, un moment célèbre, perd déjà de son crédit par ceci, qu'il est trop facile de faire croire tout ce que l'on veut à un esprit inquiet et qui, comme dit Stendhal, a déjà son imagination pour ennemie. Sans compter que les choses du sexe, qui sont le dessous de ce système, sont justement de celles qui comptent par l'importance qu'on leur donne et par une sorte de sauvage poésie, comme chacun sait trop. Et les pensées du médecin ne sont jamais bonnes au malade ; tout le monde le sait. Ce que l'on sait moins, c'est que le malade a promptement deviné cette pensée étrangère et l'a faite sienne, ce qui vérifie aussitôt les hypothèses les plus brillantes. C'est ainsi que l'on a décrit d'étonnantes maladies de la mémoire, où les souvenirs d'une certaine espèce se perdaient ensemble systématiquement. On avait oublié que l'esprit de système est aussi dans le malade.

4 décembre 1923

57

Chacun remarque des différences d'aspect entre les hommes, et même y lit comme dans un livre. Un homme grand, chargé de muscles, riche de sang, n'aura pas les mêmes passions, ni par conséquent les mêmes opinions qu'un homme petit, au regard noir, au teint bistré. L'obèse est encore un autre homme ; et il est clair, par la seule structure, que, pendant que les deux autres s'emploieront à conquérir, l'homme gros pensera principalement à conserver sa place. Ces portraits sont abstraits et sans nuances. Un visage humain annonce quelque chose de plus riche ; on dirait que de ce regard, de ce nez, de tous ces plis sortent des passions et des jugements. Le désir, le projet, l'entreprise sont logés là, et souvent debout sur le seuil. La bouche propose, récrimine, se souvient. Les mains parlent encore mieux peut-être, courtes ou longues, grasses ou maigres. Tout cela est hérité ; tout cela annonce non pas une destinée extérieure, mais au contraire une nature rassemblée, fortifiée, invincible qui gouvernera autour de soi selon sa forme. Les bonnes femmes qui veulent lire l'avenir dans les mains avouent par là que chacun fait son avenir.

Cette autre destinée, intérieure celle-là, et qu'on nomme prédestination, porte-t-elle toute une histoire, d'avance écrite ? Ce n'est pas si simple. Nos actions ont la forme de notre corps ; mais elles ont aussi la forme des choses, et encore plus la forme des autres hommes autour. Un métier, la guerre, un naufrage changent les actions, sans changer pourtant la manière d'agir, ni le pli des cheveux[a]. La nature individuelle se retrouve la même. Qu'un homme devienne roi ou mendiant, ce sera toujours le même œil noir ou gris, la même bouche prudente ou indiscrète, la même main ; entre cette persistance de la nature en chacun et la variété sans mesure des rencontres, notre histoire passe comme au laminoir, recevant à chaque moment la double empreinte. Ainsi c'est assez de dire que nous recevons notre structure et ne la changeons guère[b] ; il ne faut point dire encore[c] que nous recevons aussi nos actions en héritage.

Mais du moins nos vices et nos vertus ? C'est encore aller trop vite. Peut-on parler de vices et de vertus sans avoir égard aux rencontres ? Non, mais plutôt d'une constante manière d'agir et de sentir, qui se reconnaît dans le bien et dans le mal. Une colère n'est point mauvaise toujours ; un soupçon n'est pas injuste toujours ; la ruse est vertueuse et raisonnable souvent ; discrétion et dissimulation peuvent suivre d'une même humeur et d'un même foie. Le même amour peut être dévoué ou ennemi, selon que vous favorisez ou contrariez ce qu'il aime[d], et il y a une sorte d'obstination dans la fidélité. Un tableau des tempéraments, quand il serait tracé par Esculape lui-même, n'équivaudra nullement à un tableau des vices et des vertus, mais plutôt il donnera à tous les vices et à toutes les vertus une couleur et un visage. Car il est clair qu'un gros homme sera mauvais à la course ; clair aussi qu'un garçon maigre et agité ne vaudra rien dans un fauteuil et à surveiller les mouvements des autres ; et de ces contrariétés il suivra une humeur aigre et une méchanceté, au lieu que toute nature sera heureuse et bonne par son libre développement. En sorte que, quoiqu'on ne puisse point changer les natures, pas plus qu'on ne peut aplatir des cheveux frisés, néanmoins on peut se fier aux natures. Bien mieux, c'est parce qu'on ne peut point changer les natures que l'on peut s'y fier. Qui descend jusque-là, il touche le roc[e]. Et la puissance d'un César ou d'un Alexandre venait sans doute principalement de ce qu'ils aimaient les différences, ne faisant jamais reproche au poirier de ne point produire de prunes.

30 novembre 1923

58

Il y a des parties de la côte bretonne où les cultures, les haies et les bouquets d'arbres viennent border les rochers inhumains et l'océan sans moissons. Il n'y a qu'un petit sentier de douaniers entre le bout du sillon et le bruyant précipice. L'on peut ainsi, sur quelque petite plage, et regardant vague après vague, se trouver adossé en quelque sorte au monde humain, tout marqué de signes, tout réglé et raisonnable, devant ce sable à demi liquide, où s'effacent les signes, et devant cette étendue en agitation qui refuse tout signe. Ici quelque chose prend fin et quelque autre chose commence. Ici finit l'empreinte humaine et le royaume de coutume, où l'esprit s'endort. Ici commence le chaos, où il faut que l'esprit s'éveille.

Souvent aux jours de fête on voit, comme en un théâtre, sur la plage courbe, paysans et citadins qui regardent la chose inhumaine comme un miroir où ils se reconnaîtraient. Un fort sentiment saisit ici l'homme, et éveille d'abord une attention sans espérance ; toutes les pensées sont recouvertes et noyées ; ici on ne sème point, on ne récolte point ; mais il faut conquérir, et l'on ne peut garder ; les vaisseaux n'ont point laissé de sillon ni d'ornière. Ici finit le royaume de providence, d'épargne, de fruit, de travail, où la constance cache si bien la loi. Ici se montre en tours et retours l'inconstante nature des choses, qu'on ne peut prédire, et qu'il faut comprendre. Constante et fidèle en cela ; fidèle et sûre amie en cela seulement qu'elle ne promet point, qu'elle ne signe point d'alliance, qu'elle ne trahit point.

Les choses solides et labourables ont toujours une apparence de visage pensant ; car on les retrouve ; elles durent plus que nous. Ce sont des sphinx. Elles renvoient la solution à l'on ne sait quel terme ; nous y sommes dupes du temps, du progrès, et de l'imperceptible usure, qui rend vains tous nos placements. Nous sommes ajournés ; telle est notre exigeante patrie. Aussi qui ne se plaît à dessiner au bord de la vague des empires aussitôt effacés ?

La peur habite les bois. Tous les bois sont bois sacrés. Il faut croire, mais nul ne s'y fie. Devant la plaine liquide on ne peut croire, car on n'y voit point de ces signes muets. Les possibles ne nous guettent point, mais sous nos yeux ils s'enroulent et se déroulent ; on y lit à travers, dans cette transparence ; rien n'est mystérieux[a] ni impénétrable ; c'est la puissance nue ; le moindre ourlet de vague est comme un raz de marée ; rien n'est grand ni petit ; le grand n'est qu'une somme de petits ; tout est fait de ces gouttes inoffensives et sans dessein.

Ainsi l'autre loi paraît, la pure loi de nature, en laquelle il n'y a ni punition, ni récompense, ni aucun genre de vouloir. La nature, enfin, n'a plus de visage ; elle ne nous fait plus peur. Il y a de la sympathie dans la peur et toujours du respect ; les animaux domestiques nous renvoient fidèlement, en leurs regards, cette double image de nous-mêmes. D'où ces cultes païens, qui vont si naturellement à la fureur, par l'imitation de l'idole. Or, il n'y a point de culte océanique. L'océan, grandeur étalée, par addition à elle-même, extérieure à elle-même, l'océan refuse le culte ; mais il attire l'action immédiate et la précaution, non le respect. L'esprit d'examen est né et s'entretient sur cette bordure mouvante. Ceux qui ont dit que c'est le solide qui nous instruit n'ont pas poussé bien loin ; dans le fait la physique des fluides est bien plus avancée que celle des solides. Devant l'océan instituteur, l'homme conçut la danse des atomes et des tourbillons. Oui, sortant des forêts pleines de dieux, l'homme au bord de la falaise reconnut son redoutable, mais fluide et maniable royaume. C'est alors qu'il osa penser.

1er avril 1927

59

Je vois revenir un jeu sophistique que je me contentais autrefois de mépriser, mais qui jette maintenant une sorte de lumière au souffle du génie. On veut prouver que tout ce qui est apprêté et travaillé est mensonge. L'art est mensonge, car ce n'est certes pas de[a] premier mouvement, sans contrôle et surveillance de soi, que l'on sculpte, que l'on fait un beau vers, et choses de ce genre. La vertu est mensonge, car ce n'est certes pas de premier mouvement que l'on est courageux, sobre, patient ; il faut gouverner les premiers mouvements, ceux qui se feraient seuls et sans nous ; il faut couler à fond certaines pensées qui ne sont pas belles, certains désirs dont on n'est pas fier. Mais suivons cette étrange idée. La vérité est mensonge, car ce n'est certes pas de premier mouvement que l'on saisit la chose et l'homme comme ils sont. La première apparence est toujours trompeuse ; il faut de grands détours et de longues préparations pour apercevoir seulement l'ordre du ciel, qui est pourtant le moins caché de tous. Par exemple le mouvement apparent du soleil, qui est d'est en ouest, nous paraît d'abord vrai ; et le vrai mouvement, qui est d'ouest en est, n'est point d'abord visible, attendu qu'on ne voit point les étoiles en même temps que le soleil ; il faut donc observer comment changent les étoiles de nuit, ce qui veut du temps, et rapporter ce changement au soleil, ce qui veut raisonnement, c'est-à-dire gouvernement des pensées. Nous voilà au bout du paradoxe. Expliquant cela, nous mentons, car nous n'exprimons pas le premier état, l'état ingénu de nos pensées. Nous composons avant de dire. Mais qui donc croit sa première pensée ?

Qui la dit sans précaution ? Attention ici. Il n'y a que la Pythie qui soit vraie, c'est-à-dire une folle ; elle participe au monde ; elle se tord selon le monde, comme une corde au feu. Elle mugit ; tel est le vrai de sa nature.

Cela ne va pas ; nous sentons que toutes les notions ici sont tête en bas. Et cela fait voir qu'il ne suffit pas de quelques abstractions irritées pour tout résoudre en désespoir. Nous ne sommes pas des machines à penser qui donneraient un résultat lisible, comme font les machines à peser et à compter. Nous sommes en mouvement et changement ; ce que nous allions penser, déjà nous ne le pensons plus. Et le mouvement est en deux sens ; ou bien nos pensées se défont et nous emmènent dans une rêverie incohérente ; ou bien nous les fixons et ordonnons, résistant à cette sorte de dissolution qui ressemble à la fonte des neiges. Par exemple, je défie bien un homme de connaître et de reconnaître le plus cher de ses sentiments s'il se laisse couler lui-même comme l'eau. Il faut faire le sentiment, et le porter, et en jurer. De même il est tout à fait impossible qu'un homme dise ce qu'il pense, ou seulement le sache, s'il se regarde penser. Physique, géométrie, droit, tout s'écroule alors comme château de cartes. Il faut construire et garder ses pensées comme des forteresses. Ces remarques remuent un peu vivement ce qui est dit d'ordinaire de la réflexion. Et cela fait voir que, sur les pensées, on improvise aisément n'importe quoi. Méfiez-vous de la philosophie. Cette personne de bon accueil est bien trompeuse.

Construire et garder ses pensées, c'est ce qu'à l'école[b] on appelle tout simplement travailler. Et le fait humain c'est que, plus on travaille, mieux on sait, comme l'éclipse le fait voir, épouvantail à ceux qui n'ont point travaillé, fait prévisible et calculable à ceux qui ont gouverné leurs pensées. Et sans doute nous n'arriverons jamais à mettre en clair tout ce que la Pythie exprime, et la Pythie c'est vous, c'est moi aussi bien. Mais un peu de paix et un peu d'ordre dans nos perceptions, c'est quelque chose. Passer de l'apparence au réel, pour une chose, et puis pour une autre, voilà le travail d'homme. Au contraire les mots sans les choses nous tromperont toujours. Mais, par une naturelle compensation, ne serait-ce point la prose du vrai poète ?

28 février 1929

60

Nul n'a choisi ses parents, ni même, s'il regarde bien, ses amis. Nul n'a choisi d'être grand ou petit, blond ou brun. C'est une des conditions les mieux établies de notre existence, que nous devons accepter une situation de fait, et travailler en partant de là. Si j'ai une mauvaise mémoire, je n'ai pas à récriminer, mais je dois m'efforcer de la rendre passable ; et, si j'ai une oreille paresseuse, je dois regarder plus attentivement de ce côté-là en traversant les rues. L'indignation ne sert point. Cette idée est familière à tous. Nous comprenons aisément que notre nature et ce qui l'environne, tout cela nous est donné, et ne peut être changé comme un vêtement ; il faut se contenter de modifier un peu ces conditions imposées. L'expérience fait voir que les modifications qui dépendent de nous sont très faibles, par rapport à la structure et au régime de l'ensemble ; mais l'expérience fait voir aussi qu'elles suffisent presque toujours. Il y a très peu de distance entre la pire humeur et la meilleure. Il suffit quelquefois de changer l'attitude, de retenir un geste ou une parole, pour colorer autrement une journée. Il y a très peu de différence entre un son juste et harmonieux et un son faux ou laid, entre une belle courbe et un contour sans grâce. Telle est sommairement l'idée virile de la nécessité et de la puissance ; et c'est une idée puérile de vouloir changer la forme du violon, au lieu d'apprendre à s'en servir comme il faut.

Cette idée n'est point commune dans la politique. Il est ordinaire que, lorsque l'on réfléchit sur des maux trop évidents, comme l'injustice ou la guerre, on imagine d'abord un changement total, après quoi tout ira pour le mieux. Mais une nature est donnée ici encore, et inflexible pour le principal. Il n'est pas vraisemblable que la nécessité politique nous tienne moins étroitement qu'une autre, et que l'on change plus aisément la constitution de son pays que la forme de son propre nez. Et, comme il faut vivre selon la structure imposée par la nécessité biologique, ainsi il faut vivre politiquement selon un état des relations humaines que l'on n'a point choisi. S'indigner ici est à peu près aussi raisonnable que de déclamer contre le froid, contre le brouillard, ou contre le verglas.

Le forgeron se soumet au fer ; le marin se soumet au vent, au courant et à la houle. Mais, dans ce monde résistant, l'industrieux animal prend son appui. « L'homme ne triomphe de la nature qu'en lui obéissant » ; parole connue, mais qu'il faudrait appliquer aux choses de la politique Ainsi cette énergie irlandaise, mieux employée, suffisait certainement à modifier un régime évidemment imparfait jusqu'à le rendre supportable. Bref une bonne constitution diffère très peu d'une mauvaise, de même qu'un heureux coup de barre diffère très peu de celui qui envoie le bateau sous la vague. Seulement[a] on ne veut point suivre l'analogie ; on veut penser que ce monde humain, d'apparence flexible, peut être transformé selon l'idée. On ne regarde que les passions, espérance ou peur, choses instables ; on ne veut point voir les nécessités géographiques, économiques, biologiques, qui ne cèdent jamais que pour revenir. Il faut des milliers de mouvements de la barre pour une traversée, et qui n'ont guère changé l'Océan ; mais vous êtes sauf. Ainsi la prudence politique de tous peut beaucoup et assez, par de faibles changements, comme de laisser un journal pour un autre. Toutefois[b] il vaut encore mieux écrire au directeur du journal que vous lisez, s'il ne raisonne pas à votre gré. Au lieu de dire que c'est inutile, essayez.

15 décembre 1921

61

« Les lois sont les rapports nécessaires qui dérivent de la nature des choses. » Formule immense, dont je ne puis faire le tour ; mais je m'y heurte comme à un solide, dans le moment où je m'élance à désirer des lois qui me plaisent. Le maître, quel qu'il soit, est bien attentif à cette multitude, et se soucie de plaire, d'où j'aperçois qu'il est flexible, en ce qui dépend de sa volonté. Mais quelque chose se montre derrière lui, au nom de quoi il commande, et qui le tient serré ; c'est cet engrenage des causes et des conséquences, dans lequel il est pris aussi bien que moi. Les dépenses faites sont faites ; nul ne peut faire qu'elles ne soient pas faites. C'est ce qu'exprime la dette, visage de pierre. La production est un fait ; la récolte est un fait ; le chiffre d'affaires quotidien est un fait, de la même manière que la pluie, la grêle et le vent sont des faits. Et, comme un certain vent renverse un certain arbre aussi inévitablement que la terre tourne, ainsi la multitude des événements passés et irrévocables, guerre, emprunts, réparations et le reste, exerce sur nous tous une pression inhumaine, sans plus d'égards qu'une automobile lancée qui va lancer elle-même l'homme comme une pierre, s'il ne se range point. Or, quand le maître m'avertit de me ranger, il n'est point maître en cela, mais plutôt il est le héraut et le serviteur de la nécessité. Ainsi s'avancent les impôts, la loi militaire, et le reste. Et le maître sait bien dire : « Cela ne me plaît pas plus qu'à vous. » Bref, on vit comme on peut, et non comme on veut.

Très bien, me voilà ramené. En ce creux donc où je m'abrite contre toutes ces pluies, j'ai loisir de penser. Je pense, c'est-à-dire je pèse. Je doute. Cela mène loin. La première remarque que je veux faire est que les hommes se trompent aisément, et souvent s'obstinent à ce qui leur plaît, sans savoir si ce qui leur plaît est possible. Cette remarque de sagesse est bonne pour moi et pour tous. Il se peut bien que le maître ordonne comme il lui plaît et non comme il faut. « Cela ne me plaît pas plus qu'à vous. » Savoir. Il plaît au souverain d'avoir de l'argent dans ses coffres ; il ne me plaît point tant de payer. Il plaît à l'état-major d'avoir trois brosseurs pour une chaussure ; il ne me plaît pas tant de cirer des bottes. Enfin, dans ce que le maître me propose et aussitôt m'impose comme nécessaire, il y a certainement une partie, petite ou grande, qui n'est pas nécessaire, mais qui seulement lui plaît. Comment le saurai-je en cette société serrée comme feutre, où nul ne voit guère plus loin que sa main ? « Que savons-nous de la volonté de Dieu, dit Coûfontaine dans *l'Otage*, quand le seul moyen pour nous de la connaître est de la contredire[a] ? » Parole lourde, et peut-être imprudente, mais je ne suis point sourd. Et je dis : « Comment savoir ce qui est véritablement nécessaire, sinon par une obstinée résistance ? »

D'autant qu'une autre idée se montre, quand je pense à ces lois aveugles qui font le vent sur la mer et les vagues. Je cède, et il le faut bien ; mais je parviens souvent aussi où je voulais, comme le bateau qui tire des bordées ; il cède à la nécessité ; mais il avance enfin contre le vent. Et je ne vois pas pourquoi on nous prêcherait d'obéir à la première sommation de la nécessité politique, quand l'homme navigue contre vent, par sa propre industrie, depuis tant de siècles. Sur cette mer politique, il serait bien lâche et bien au-dessous de l'homme de céder au premier flot, et d'aller d'abord comme une épave où le courant me mène, et non point où je veux aller. Encore mieux si je forme équipage avec des hommes qui vont justement où je vais. Hardi, donc, et tiens ta route.

Et je m'aperçois qu'en cette courte méditation de politique je me trouve porté bien plus loin que je n'espérais. Car l'homme a appris à ne pas adorer la vague ; simplement il en tient compte, et, sans scrupule, la fait servir à ses fins autant qu'il peut. La nécessité est inhumaine ; il est fou de la haïr ; il n'est pas moins fou de l'aimer. Eh bien donc, si je découvre dans les choses politiques la nécessité aussi, qui est mon vrai et mon seul maître, me voilà déchargé de respecter. Cette grande et terrible machine, je veux m'y mouvoir avec précaution ; mais je ne vais point l'adorer.

C'est un ennemi comme un autre. Mon seul objet est ici de vaincre en obéissant, comme je fais pour le vent et la vague. Et voilà ma charte de citoyen. Je dois à l'homme, oui ; mais à la nécessité je ne dois rien.

avril 1927

62

Chacun a vu des triangles d'oies dans le ciel, et voici la saison des changements, qui va nous ramener cette géométrie volante. Le beau est que ces triangles ondulent comme des banderoles[a], ce qui rend sensible la lutte des forces. D'un côté le vent coule comme l'eau, mêlant et démêlant ses filets et tourbillons ; de l'autre la foule des formes invariables s'ordonne dans le mouvement même, chacun des individus se glissant dans le sillage du voisin et y trouvant avec bonheur sa forme encore dessinée. Quant au détail de cette mécanique volante, nous aurions grand besoin de quelque mémoire écrit par une oie géomètre ; mais ces puissants voiliers n'en pensent pas si long.

L'homme chante à peu près comme les oies volent ; car chanter c'est lancer un son dans le sillage d'un autre de façon à profiter d'un pli d'air favorable ; et chanter faux, au contraire, c'est se heurter à ce qui devrait porter. Encore bien plus évidemment, si une foule d'hommes chante, chaque voix s'appuie sur les autres et s'en trouve fortifiée. C'est ainsi que le puissant signal s'envole, et revient à l'oreille comme un témoin de force. Aussi le bonheur de chanter en chœur n'a point de limites ; il ouvre absolument le ciel.

Ce genre de perfection immobile concerne nos pensées ; il les accorde, les purifie et les délivre. Mais il est clair que le bonheur de chanter fut joint d'abord au bonheur de marcher en cadence, comme le rappellent les instruments qui imitent la marche d'une troupe d'hommes, et qui font tant dans nos musiques. Seulement ce chant de marche est toujours un peu barbare. Il a fallu choisir. Le musicien a choisi de s'arrêter. Le marcheur s'est contenté du bruit des pas, qui est un terrible signe, ou bien il a répété un même cri. Par ce moyen la masse des hommes est présente en chacun ; la délibération est terminée, car le rythme annonce l'action prochaine ; chacun imite les autres et la troupe s'imite elle-même. Cet ordre est enivrant ; il est par lui-même victoire ; il exclut l'obstacle ; d'avance il l'écrase. Ainsi la pensée, par elle-même défiante et soupçonneuse, se trouve apaisée. Vous demandez quelles sont les opinions, ou les intentions, ou les amours, ou les haines de ces hommes qui marchent ; simplement ils sont heureux, ils aiment leur propre marche, ils se sentent forts, invincibles, immortels. On voit naître ici toute la religion, soit contemplative, soit active, et le fanatisme si naturel à des hommes qui ont une opinion, mais sans savoir laquelle. La dissidence et la critique, toujours persécutées par l'homme qui marche, sont odieuses parce qu'elles obligent à savoir ce qu'on pense ; souvent le fanatisme s'irrite même d'être approuvé et d'être expliqué. Le vrai croyant refuse les preuves. Très prudemment il les refuse, car une preuve est une grande aventure. Que va-t-on trouver dans la preuve ?

On se demande comment la pensée, le doute, l'examen sont venus au monde. Je suppose que l'ordre fanatique, par sa perfection même, s'est trouvé la source des plus grands maux. Et pourquoi ? C'est que la seule idée qu'il y a des dissidents quelque part, la seule idée que le monde entier des hommes n'est pas encore converti, jette aussitôt le fanatisme en la plus folle des entreprises, la guerre. Un fanatisme en rencontre un autre. Et il ne s'agit plus alors de chasse, ni de pêche, ni d'industrie ; on n'y pense même plus. Il s'agit d'exterminer les schismatiques et hérétiques, lesquels forment aussi leurs bataillons chantants. Sans chercher d'où provient l'empire de l'homme sur les bêtes, je remarque que c'est cette perfection même, que l'on nomme intelligence, qui jette l'homme contre l'homme. Et certes, les choses étant comme nous les voyons, il n'y a que l'homme qui soit capable d'exterminer l'homme. Vainement les religions[b] vieillissent, car cette religion des religions, qui n'est autre que l'union sacrée, ne vieillit point. La religion serait aisément séraphique, par une contemplation musicienne ; elle meurt alors de faim. Mais la sanglante religion, celle qui marche et persécute, ne peut mourir que de fureur. Cette suite de maux sans mesure, humains et inhumains, doit être considérée sans cesse à sa naissance[c], en ses honorables motifs, en ses affreuses conséquences, comme pire que toute peste. Et la science qui y a trouvé remède se nomme la politique. Cette science ne plaît point, car elle divise ; et elle a nécessairement contre elle tous les partis, qui sont des triangles d'oies.

1er octobre 1934

63

Au-dessus des mottes de terre et des brins d'herbe, on aperçoit quelque chose de sinueux qui s'élève, où les courbes se mêlent et se démêlent, sans qu'on puisse dire d'abord ce que c'est. Mais bientôt se montrent, comme sortant de terre, trois paires de bœufs en file, dont les jougs, de forme sinueuse, et balancés encore par la marche lente, avaient montré d'abord une étrange perspective. Celui qui a vu onduler les jougs sait quel genre de collines les Romains appelaient jougs. Mais les bœufs, en se montrant, les six bœufs, tellement plus forts que le bouvier, effaçaient cette métaphore, et en imposaient une autre, plus lourde. Car voilà le fameux Contre Un, encore une fois absurde et invincible, en cette frappante image. Le plus fort est sous le joug.

Le cheval n'aime pas le mors ; il ne cesse de le mâcher ; il espère qu'il l'usera. On peut supposer qu'il le connaît et l'explore. Le mors se laisse explorer et, si l'on peut dire, manier par la langue et les mâchoires. Certes le mors ne cède jamais, mais cette sorte de protestation mâchonnante ne s'use jamais non plus. Et si l'on disait d'un peuple que quelque tyran lui a passé le mors, on voudrait dire que ce peuple médite sur l'esclavage, et même est sur le point de le comprendre. Le joug est une autre ruse. Par la forme du bœuf, on peut dire que l'art de persuader approche ici de la perfection. Sur l'arme même, sur la corne, repose cette pièce de bois qui lie le bœuf à son frère bœuf ; et il n'y a pas d'espérance que jamais le bœuf connaisse, explore, comprenne cette pièce de bois qui le tient, mais plutôt c'est tout son être qui devient soudain plus lent, plus lourd. En sorte que, s'interrogeant lui-même, il ne trouve point de contradiction entre sa propre force et une force extérieure[a] qui l'enchaîne. La charrue, la terre, le bouvier, tout cela lui est intérieur ; tout cela ensemble est un bœuf. Telle est la bonne volonté du bœuf ; regardez-le marcher, tirer, tourner. Joug, fatalité.

Autre ruse du tyran. Le bœuf traîne d'une certaine manière son compagnon. Et admirez ce lien de bois qui à la fois rapproche les deux têtes et les sépare. Deux têtes en une, mais qui ne communiquent que par le joug. Deux têtes qui ne se peuvent[b] faire signe l'une à l'autre. Comprenez-vous ce genre d'amitié ? Un accord sans liberté ; des actions qui par force se correspondent. De tous les poids qui s'opposent à l'improvisation, à l'invention, à la révolte, celui du compagnon est le plus lourd. Le tyran, c'est l'autre esclave. Et il se peut bien que ces mouvements imités et cette chaleur échangée forment une sorte de résignation. Mais nul n'en sait rien ; le bœuf lui-même n'en sait rien. Comment sentirait-il l'amitié, celui qui ne peut la rompre ? Et le secret de tout se trouve au-dessus des têtes, inaccessible et proche. En sorte qu'il semble que ces têtes ne puissent méditer sur autre chose, et, de cette chose capitale, ne peuvent jamais rien penser[c]. D'où le contraste de ces membres libres et forts poussant cette tête enchaînée. Je comprends mieux l'antique métaphore. C'est la tête qu'il faut délivrer premièrement, et d'abord de cette amitié forcée qui fait que les têtes se tournent ensemble du même côté. L'union fait la force, à ce qu'on dit ; oui, la force du tyran, à ce que je vois.

28 septembre 1927

64

Le long du chemin bordé de petits murs s'en vont les vaches blanches et noires ; ces cornes, ornements parfaits, ne menacent point ; un enfant conduit ces puissantes bêtes ; telle est la paix des champs. Mais quelquefois on voit une vache folle, la queue tendue, le front mauvais, qui galope et cherche passage. Peur, piqûre de mouche, ou sauvagerie pure, on ne sait. L'esclavage n'a point altéré ces formes libres, et le monde n'a pas beaucoup changé depuis le temps où la vache était un gibier, comme le cerf. Une guerre d'esclaves dépend d'un réveil de muscles. Mais cela aussi est prévu, et le maître ne l'oublie jamais. On connaît bien la maigre, la leste, la méchante. Dans le moment qu'elle commence à paître, la tête basse, la bergère ou le gamin lie les deux jambes de devant par une corde qui passe au-dessus des cornes. Une corde, il n'est rien de plus simple ; mais aucun animal ne sait faire une corde. Lien flottant, mais c'est toi-même, esclave, qui le tendras ; tu t'enchaîneras toi-même, et le coup de corne te mettra à genoux. J'ai vu courir cette vache boiteuse, la queue raidie, toute colère ; mais ridicule et ramenée à paître.

J'ai vu pire. Au temps de la guerre, l'artillerie reçut des chevaux sauvages. Un certain cheval ruait à tout bruit, à tout contact. Mais on parvint à lier d'une corde un peu lâche chaque jambe de derrière à la jambe de devant ; le cheval, à chaque fois qu'il ruait, était jeté rudement à genoux ; ainsi il apprit la prudence. J'en vis un autre qui se couchait dans le harnais ; mais César ne voit pas ces choses. L'ordre de départ fut donné, les fouets claquèrent ; hommes et bêtes, chacun fit son métier ; il fut traîné et piétiné jusqu'à ce qu'il en eût assez, et cela ne tarda guère. Le désordre n'est pas de force ; il ne peut. S'il est de force, c'est qu'il est ordre et obéissance. On peut changer de maître. C'est une vieille histoire. C'est l'histoire.

J'en vois plus d'un qui se lasse de paître et qui lance quelques coups de corne ; cela ne fait qu'un boiteux de plus, honteux bientôt, sans que le maître y fasse seulement attention. Il y a de ces pardons sans regard, et l'on ne se pardonne point de les mériter. Mais qu'importe, si l'arrogant visage est ramené à paître ?

L'homme ne pense point à la corde lâche ; il ne la sent qu'autant qu'il tire lui-même dessus. Il a ses pieds de-ci de-là, et libres pour le bien, comme on dit ; et sa femme, et ses enfants, et ses vieux parents, autres membres, autres pieds ; et l'ordinaire de sa nourriture, corde lâche, mais qui s'enroule à plus d'un solide poteau ; et des amis, cordes plus souples, bientôt tendues ; et rien ne casse ; d'où ce galop boiteux et tête basse. Qu'est-ce qu'un coup de corne ou deux, à côté de ces coups que l'on reçoit de soi-même, de ces nœuds que l'action même forme ? Et c'est la loi aussi du cœur sensible qu'il ne peut[a] rien oser qui ne le blesse. Ou bien ne rien aimer ? Alors, pourquoi oser, et pour qui ? Ce sont les tendres enfants et la faible femme qui supplient de ne rien tenter pour eux.

Qu'il n'y ait plus de guerre ? Quoi de plus simple ? Je sens mon pouvoir de refus ; oui ; je le sens, tant que je ne refuse rien. Mais refuse seulement une parole. Le lien d'opinion court ; léger sur ta forte main ; mais un peu plus loin il étrangle un de tes membres chéris ; et c'est toi qui tires dessus. Nul ne s'occupe même de toi ; tous comptent sur la corde ; tu n'as à compter qu'avec toi-même ; ta révolte est contre toi ; tu te lasseras de tirer et de t'étrangler ; on le sait. Si tu ne veux pas marcher, si tu te couches, le grand corps te traînera. Cela fera un peu de poussière, et un homme meurtri. On s'étonnera. On demandera : « Que vous est-il donc arrivé ? Nul ne vous veut du mal. Quel emportement à vous nuire ? Vous ne boitez et souffrez que de courir. Et, bien sûr, les opinions sont libres ; et même l'opinion de vous jeter de trois mètres sur le rocher ; mais elle ne vous mènera pas loin. Toujours amis, au surplus. » Telle est la paix des champs.

18 septembre 1929

65

En ce point de la côte, la mer n'a pas usé le rivage par de grandes plages entre deux becs de schiste ; mais la terre nourricière se trouve tranchée comme à la bêche par de profondes entailles, et séparée en îlots grands comme des maisons, chacun élevant au niveau des moissons une table de terre fertile, ornée des mêmes plantes que le rivage. Vue de loin, la frange verte semble continuée ; de plus près, on découvre ces grandes coupures qu'on dirait d'hier. Les champs de blé et de betteraves et les petits murs courants conduisent l'œil jusqu'aux bosquets d'arbres tordus, indicateurs du vent, où les toits se montrent. En bas, c'est un autre monde de rues tournantes entre ces maisons de roc, d'ouvertures découpées sur une mer d'août, violemment bleue. Ces couloirs sont comme pavés d'un sable rose, humide et ferme, sans un galet, le plus beau que j'aie vu. Ici tout est brassé, lavé, séparé. Couleurs pures, ombres dures.

L'homme sent qu'il se retrouve, en ce monde sauvage et étranger. Je le vois qui s'arrête au spectacle, heureux, et nettoyé d'ennui. Sait-il pourquoi ? C'est qu'il se livre, à ce que je crois, au bonheur de penser. Comme quelquefois on pense à ce qu'on aime, pour s'y fier absolument et ne jamais le vouloir autre. Mais, hors de ces précieux moments, il se peut que l'homme soit fatigué de l'homme. Cette forme veut l'accord, et même le force ; d'où une attention précipitée et souvent sans fruit. Nous rendons le signe avant de l'avoir compris. Toute vie bornée aux échanges est étrangère à soi. Sans compter que la terre est couverte de signes de l'homme, qui veulent aussi politesse. Au contraire, sur cette coupure, encore mieux au fond, il suffit que vous tourniez la tête ; nul chemin, nulle trace de l'homme ; nulle méditation sur un avenir composé. Tout est clair ; tout est en place. L'histoire ici ne pèse plus. Je suis le premier homme. Vainement on voudrait remonter au temps où ce sable était roche ; aussitôt la roche et le sable répondent par ce contraste de tout temps ; et l'eau devant nous, allant et revenant, explique assez, par ce qui est, ce qui fut et ce qui sera. Tout sera toujours bien, et tout sera le même, car rien n'est fait ni défait, et tout se garde d'être, en ce mouvement. Tout est neuf, et en parfait ajustement. Je me demande ce que c'était autrefois ; mais autrefois vient de se montrer ; c'était cette vague qui n'est plus, qui se reforme autre et la même. Cette mer ne baigne pas seulement le corps ; l'esprit s'y lave.

Comme cette rumeur aussi qui ne cesse point, et cette continuelle musique en ces chambres sonores. Ce bruit ne dit rien et n'est rien. Peut-être noie-t-il ces discours murmurés, cette plaiderie tout bas que chacun fait à soi, ce heurt du oui et du non. Il me semble que nous disons oui toujours à cette rumeur rythmée, comme nous disons à la belle musique. Mais pourquoi ? Sans doute par une plus profonde imitation, qui, celle-là, nous rend à nous-mêmes. Car il se peut que la rumeur marine s'accorde avec notre propre rumeur, rythmée aussi, monotone aussi en sa variété. Il y a une partie de la musique, et ce n'est pas la moindre, qui excite, modère, conseille notre souffle, nos vagues, nos marées. Le grand musicien devine ces hauts, ces bas, ces compensations, ces repos, ces réveils ; mais il se peut bien que l'Océan nous apprenne encore mieux à vivre, par ceci que nos fluides, suspendus et tremblants, dépendent comme lui des changements de la pesanteur que commandent les astres proches, soleil et lune. Car nous sommes liquides, et nous ne pouvons changer tout d'une pièce. Celui qui n'a pas réglé les touches de son attention sur les vagues de sa propre vie connaît des creux et des chutes, et quelquefois un malheur de système en ses pensées ; dont l'Océan peut-être nous guérit ; non qu'il nous donne toujours des pensées ; mais il semble en marquer d'avance les réveils et les repos selon notre loi secrète.

20 août 1928

66

Longtemps après la tempête d'équinoxe, la mer reste houleuse et tonnante, et roule dans ses vagues un fourrage glauque arraché aux grands fonds. Juste à l'heure où le flot change de voix et commence à se retirer, on voit bondir les agiles paysans, chacun brandissant un râteau aux longues dents, comme une main de bois. Chacun d'eux guette le moment de harponner tout un paquet d'algues, et les traîne en courant, souvent gagné de vitesse par la vague qui suit ; dans l'eau jusqu'aux jarrets, et souvent trempé jusqu'aux yeux. Cette pêche du goëmon[a] a fait un lieu commun de littérature et de peinture. Toutefois il reste[b] à dire.

« C'est un jeu, dit l'un, et même une sorte de danse, que les baigneurs imitent ; mais on ne se baigne pas en avril. Je vois que ces vigoureux paysans sont bientôt gelés, rompus, essoufflés. Tout métier est un jeu pour l'amateur ; tout métier est pénible par la durée. J'ai lu qu'une femme bienfaisante, voulant se donner quelque expérience des métiers de femmes, choisit pour commencer le plus doux, qui consistait à coller des étiquettes sur des bouteilles ; deux jours après elle était au lit avec la fièvre. Jugez de ce métier-ci. Cet engrais d'or vert, la mer, il est vrai, l'apporte, élaboré[c] en sa grande cuve chimique ; elle l'apporte, puis elle le remporte ; à quoi s'opposent ces doigts de bois, longs et crochus. C'est ainsi toujours. Nous ne créons rien ; nature fait tout ; mais ce qu'elle fait, il faut le lui arracher, charbon au sol, goëmon à la mer, force industrielle au torrent. Nous mangerons ces précieux sels, incorporés au blé et à la pomme de terre ; et nous mangerons aussi, en ce mélange, cette force paysanne qui s'exerce à l'extrême bord de son domaine. Cette jeune verdure qui s'étend jusqu'au bord de la falaise rocheuse, depuis ces arbres qui cachent les villages, cette verdure est faite de travail humain aussi. »

« L'histoire est abolie, dit l'autre. Il est hors de doute que les légionnaires de César, quand ils abordèrent ici, trouvèrent les mêmes pêcheurs d'algues, armés de ce râteau de bois aux dents inclinées. Les paysans de ce temps-là estimaient déjà la force des tempêtes et l'heure du reflux qui recule le long des jours du même pas que la lune. Et sans doute les légionnaires jouèrent un petit moment ce jeu, et envièrent les heureux paysans ; car il suffit d'essayer seulement un métier pour qu'il plaise. Et les paysans, au rebours, rêvaient de porter les armes ; mais le métier des armes consiste à porter les armes une heure encore au-delà de l'extrême limite, au-delà de ce degré de fatigue où l'on se couche comme on tomberait. Seulement ces paysans n'en savaient rien. Ainsi César fit ici quelques recrues. »

« Si l'on était assez grand, dit un troisième, pour observer à la manière de Micromégas ces pêcheurs de goëmon, si bien réglés sur les marées, n'admirerait-on pas le merveilleux instinct de ces insectes si bien adaptés ; en revanche, après quelques siècles d'observation, ne conclurait-on point qu'ils ne pensent pas, puisqu'ils n'inventent plus ? »

Et l'autre[d] lui répondit : « À deux signes Micromégas saurait que ce ne sont point des insectes, mais bien des hommes ; ces deux signes sont le vêtement et l'outil. Les bêtes produisent leurs vêtements et leurs outils d'elles-mêmes ; elles ont poil ou carapace, et leurs râteaux seraient des antennes ou des pattes. Voyez ceux-là qui jettent leurs râteaux et qui courent se dépouiller de leurs cottes mouillées, revêtir des habits secs, et boire à la bouteille ; voilà le moment humain. »

1er mai 1928

67

On demande quelquefois ce que c'est que la beauté d'un chien, d'un cheval, d'un homme. Et l'on voudrait répondre que c'est la coutume qui règle ici nos jugements ; mais il suffit d'un chat bien léché pour effacer cette faible réponse. Un chat mouillé est laid ; c'est que la forme animale, qui dresse et range si bien jusqu'aux poils, est ici vaincue par une cause extérieure. Toute déformation est laide, toute mutilation est laide. Nous jugeons belle, au contraire, une forme vivante qui n'a point cédé, et qui se termine selon sa propre loi. L'art égyptien nous a laissé des têtes d'épervier qui sont admirables, admirables par une évidente victoire de la structure sur l'accident. Le sculpteur a saisi cette puissance affirmative de l'animal, et il la traduit dans la pierre ou le bronze mieux que l'animal même ne peut faire. Par exemple un œil qui cligne n'a pas de beauté, parce que ce mouvement est d'inquiétude et de faiblesse ; la cause extérieure, poussière ou rayon de soleil, est la plus forte. Tous les mouvements de retraite et de fuite, qui témoignent que la forme animale cède à l'événement, ont quelque chose de laid ; au contraire un mouvement est beau si la forme s'y développe librement ; tels sont, en l'homme, les mouvements de danse et d'exercice ; mais dès qu'une contrainte s'y marque, comme serait la menace du fouet, ou quelque lien blessant la chair, ou quelque partie du costume trop serrée, la beauté se trouve en péril.

Un sourire est beau, parce que la forme s'étend alors selon un équilibre intérieur ; mais, dans le rire, on peut reconnaître une sorte de violence, et une invincible circonstance ; et cela fait comprendre assez ce qu'il peut y avoir de déplaisant même dans un genre de sourire. Au reste la peinture et la sculpture, parce qu'elles représentent l'immobile, ont toujours à craindre les signes passagers, et les plis que la forme devrait en quelque sorte aussitôt oublier. Mille exemples font voir que l'on risque beaucoup à peindre et surtout à sculpter même un sourire ; car ce signe qui ne cesse point évoque quelque condition extérieure qui marque sur le vivant. C'est ainsi que l'expression est toujours rabattue. Je suis ramené à cet épervier, qui n'exprime que ce qu'il est, non ce qu'il fait. Faire, c'est subir.

La majesté est le trait commun de toutes ces formes si bien dessinées. Et le contraire de la majesté dans l'homme, c'est peut-être l'étonnement ; car l'étonnement est la marque de ce qui survient, de ce qui est inattendu, et ainsi deux fois étranger. Il n'y a pas une belle statue, ni un beau portrait, qui exprime l'étonnement ; et j'ai vu peu de beaux visages qui fussent capables de porter la curiosité sans y perdre beaucoup. Ces remarques peuvent aider à comprendre ce que c'est que le style, soit dans les œuvres, soit même dans les êtres. Une beauté ne s'émeut que par une cause intérieure ; elle résiste à l'occasion ; elle ne prend point la forme de l'événement. Un événement écrit sur un visage, c'est peut-être le laid. Les combattants gardèrent quelque temps vers le front et les tempes une marque de terreur, ou disons d'un genre d'attention forcée, qui n'était point belle. Et les signes de l'âge ne sont point beaux, dès qu'ils sont les signes d'événements accumulés, ou si l'on veut les sillons de l'expérience. Mais si le vieillissement se fait par durcissement intérieur, la forme vivante devenant statue et s'affirmant imperturbable, alors un vieillard peut être beau. Ces conditions sont indépendantes d'un canon de beauté ; un nègre impassible est beau ; un rire esclave est laid sur tout visage. Tout être est beau autant qu'il est lui. Je vois très bien Socrate gagnant sa beauté propre, pendant qu'Alcibiade perdait la sienne.

1er mars 1930

68

La route en lacets qui monte. Belle image du progrès, qui est de Renan, et que Romain Rolland a recueillie. Mais pourtant elle ne me semble pas bonne ; elle date d'un temps où l'intelligence, en beaucoup, avait pris le parti d'attendre, par trop contempler. Ce que je vois de faux, en cette image, c'est cette route tracée d'avance et qui monte toujours ; cela veut dire que l'empire des sots et des violents nous pousse encore vers une plus grande perfection, quelles que soient les apparences ; et qu'en bref l'humanité marche à son destin par tous moyens, et souvent fouettée et humiliée, mais avançant toujours. Le bon et le méchant, le sage et le fou poussent dans le même sens, qu'ils le veuillent ou non, qu'ils le sachent ou non. Je reconnais ici le grand jeu des dieux supérieurs, qui font que tout serve leurs desseins. Mais grand merci. Je n'aimerais point cette mécanique, si j'y croyais. Tolstoï aime aussi à se connaître lui-même comme un faible atome en de grands tourbillons. Et Pangloss, avant ceux-là, louait la Providence, de ce qu'elle fait sortir un petit bien de tant de maux. Pour moi[a], je ne puis croire à un progrès fatal ; je ne m'y fierais point. Je vois l'homme nu et seul sur sa planète voyageuse, et faisant son destin à chaque moment ; mauvais destin s'il s'abandonne ; bon destin aussitôt, dès que l'homme se reprend.

Suivant Comte en cela, je chercherais une meilleure image de nos luttes, de nos fautes et de nos victoires. Si vous avez quelquefois observé une barque de pêche, quand elle navigue contre le vent, ses détours, ses ruses, son chemin brisé, vous savez assez bien ce que c'est que vouloir. Car cet océan ne nous veut rien, ni mal ni bien ; il n'est ni ennemi ni secourable. Tous les hommes morts, et toute vie éteinte, il s'agiterait encore ; et ce vent, de même, soufflerait selon le soleil ; forces impitoyables et irréprochables ; la vague suit le vent et la lune, selon le poids et la mobilité de l'eau ; ce vent mesure le froid et le chaud. Danse et course selon des lois invariables. Et pareillement la planche s'élève et s'abaisse selon la densité, d'après cette invariable loi que chaque goutte d'eau est portée par les autres. Et si je tends une voile au vent, le vent la repousse selon l'angle ; et si je tiens une planche en travers du flot, le flot la pousse aussi, comme le flot s'ouvre au tranchant de la quille et résiste sur son travers. D'après quoi, tout cela observé, l'homme se risque, oriente sa voile par le mât, les vergues et les cordages, appuie son gouvernail au flot courant, gagne un peu de chemin par sa marche oblique, vire et recommence. Avançant contre le vent par la force même du vent.

Quand j'étais petit, et avant que j'eusse vu la mer, je croyais que les barques allaient toujours où le vent les poussait. Aussi, lorsque je vis comment l'homme de barre en usait avec les lois invariables et bridait le vent, je ne pris point coutume pour raison ; il fallut comprendre. Le vrai dieu m'apparut, et je le nommai volonté. En même temps se montra la puissance et le véritable usage de l'intelligence subordonnée. La rame, le moulin, la pioche, le levier, l'arc, la fronde, tous les outils et toutes les machines me ramenaient là ; je voyais les idées à l'œuvre, et la nature aveugle gouvernée par le dompteur de chevaux. C'est pourquoi je n'attends rien de ces grandes forces, aussi bien humaines, sur lesquelles danse notre barque. Il s'agit premièrement de vouloir contre les forces ; et deuxièmement il faut observer comment elles poussent, et selon quelles invariables lois. Plus je les sens aveugles et sans dessein aucun, mieux je m'y appuie ; fortes, infatigables, bien plus puissantes que moi, elles ne me porteront que mieux là où je veux aller. Si je vire mal, c'est ma faute. La moindre erreur se paye ; et par oubli seulement de vouloir, me voilà épave pour un moment ; mais le moindre savoir joint à l'invincible obstination me donne aussitôt puissance. Ce monstre tueur d'hommes, je ne l'appelle ni dieu ni diable ; je veux seulement lui passer la bride.

25 mai 1921

69

C'était un jour de caprices, d'averses, et de tourbillons. La lumière s'enroulait aux nuages et traçait des lignes changeantes sur la mer. Au loin le pied de la pluie barrait l'horizon de sa colonne verticale. Le rivage mugissait et écumait. Tout s'exerçait à se détruire. Ces choses qui ne sont jamais les mêmes donnent envie des choses qui sont toujours les mêmes. Je résolus d'aller voir les dieux.

Un chemin ; la haie aux mûres ; les ornières, marque de l'homme et mesure de l'invariable charrette. De place en place un filon de rocher traverse, et les ornières ont creusé le rocher. Combien de temps pour que la vague polisse la pierre ? Mais ce temps est celui qui ne revient jamais. Combien de temps pour que la roue creuse la pierre ? Cet autre temps est celui qui revient, par l'immobile trace de l'immobile roue. Sur la droite, au-dessus d'une lande, une longue bosse de terrain porte des pâturages maigres, et les courbes convexes des petits murs. On trouve les mêmes petits murs dans la Cornouailles anglaise, et l'on y entend le même langage paysan ; je suppose qu'on y trouverait les mêmes ornières creusées dans le roc. Ces deux Bretagnes n'étaient qu'un même pays avant l'accident de la Manche, sorte de raz de marée. La mer ne change que le rivage ; partout ailleurs la forme humaine est imprimée à toujours.

Le chemin ne va pas quelque part, comme nos routes ; il se perd en sentiers ; l'immémorial appui du pied infléchit la même course. Les arbustes cachent le ciel et les mille branches arrêtent le regard ; on ne voit que le détour, et le passage de pierres sur un ruisseau secret. Ce pays est un des plus peuplés, et l'on n'y voit pas d'habitants ; mais on est vu ; on se sent vu. Pays de chouans où la guerre est impossible, où la police des villes vient se perdre. J'imagine quelque dame de chouannerie, avec son grand chapeau, ses bottes, ses culottes, et sa peau de bique. Mais toutes les pensées s'arrêtent sur des signes muets ; rien d'autre ne se montre que le sentier qui semble finir. Les soldats de la République n'en voyaient pas plus. Je suppose qu'au petit pré, grand tout juste assez pour deux vaches, ils croquaient de ces âcres pommes qui donnent soif.

Tout se resserre ; tout est trapu et court. En deux pas le petit pré est effacé. Trois mètres de marais tremblant, la course d'une faulx[a], deux sillons, un trou descendant à travers le feuillage, et nous voilà au bout du monde. Une côte de verdure fait un horizon qu'on toucherait de la main. La pluie fait des ronds sur un lavoir bordé de pierres plates qui ont le même âge que les dolmens et les menhirs. Un peu au-dessus, une cuve carrée est remplie d'une source qui vient du fond de l'eau en ondes montantes, lentes et rares. Cette source est sacrée ; un petit mur en forme de cintre, qui la borde d'un côté, fait voir une niche où il n'y a rien. Voilà ce que je nomme un dieu. Cette absence, cette attente, cet écran mobile des feuilles, mobile et immobile, qui promet toujours, c'est le lieu des images qui ne sont rien, de ce qu'on a cru voir ; c'est le lieu de la peur familière et le creux même des dieux.

Au-dessus du mur arrondi est une croix, sans aucune effigie, et de granit tellement rongé qu'on suppose que ce signe attend depuis des siècles la légende des temps modernes, le Dieu pendu, symbole non encore tout expliqué. Il y a bien des signes de l'homme avant l'homme même. La croix pouvait porter la légende, car elle est premièrement le signe que la nature ne fait pas, les deux perpendiculaires, le signe du charpentier, comme le cintre est le signe du maçon. Une telle annonce est religieuse et irréligieuse, et le sera toujours ; car devant l'autel, quel qu'il fût, et par la marque de l'ouvrier, bien clairement venait mourir l'ancienne peur et le dieu sylvestre. Vaincue la force de l'arbre, de la couleuvre, du bouc et de la vache ; et tous ces dieux renvoyés au diable par le signe du travail. Ces religions sont tissées comme des paniers ; je n'y vois pas une faute. Sanctuaire sur sanctuaire, exorcisme sur exorcisme, c'est le mouvement même de nos pensées. La croix est plus ancienne que la statue de César ; il n'y manquait que l'effigie de l'homme pendu ; mais elle y était déjà, car le travail mal payé est aussi vieux que l'homme. La source faisait trembler ces images, car la source est la plus forte, et la justice qui nous ramène là se passe de raisons.

Pensant ainsi je revenais de la broussaille des biens et des maux. La mer oublieuse montait de nouveau au-dessus des champs, portant jusqu'aux nuées les barques aventureuses. Là-haut, sur cette plaine sans ornières, l'homme faisait son destin, par l'instable et sur l'instable ; et l'ancienne ruse de la voile était prête à tous les vents. Je me retournai, cherchant la vallée des dieux. A peine un sillon de verdure. Mystère refermé.

20 septembre 1933

POUR SERVIR D'ÉPILOGUE

La beauté de la nature

Tous les hommes éprouvent, un jour ou l'autre, qu'il y a dans la nature même une beauté qui dépasse et défie tous les arts. Oui, une beauté, non seulement des beaux jours, mais de toutes les saisons. Une beauté d'existence, de pure existence, peut-être. Ce qui me fait penser cela, c'est que la nature est belle d'autant plus qu'elle semble nous ignorer. La mer, le désert, le glacier sont beaux à un moment par l'indifférence. Nous sommes donc abandonnés ! Tel est le sentiment qui nous remet droits. Mais entendez bien que ce sentiment est notre sentiment même, d'amour, d'ambition, ou d'avarice, seulement redressé ; redressé par cette pensée que rien ne nous contient, et que cet univers ne nous a rien promis. Ce sentiment est le sublime même. Car il n'est pas explicable que l'homme accepte d'enthousiasme cette vie toujours menacée d'écrasement, s'il ne découvre en lui-même une générosité qui passe toute cette puissance assez pour la juger belle. On reconnaît aisément l'ivresse d'être au monde, qui nous vient lorsque, reconnaissant l'existence et encore l'existence, et la bordure qui est un centre, et la limite qui a toujours deux côtés, nous nous disons : « Il y a d'autres mondes, et encore d'autres. » Et de là vient, pour dire sommairement, que, plus la vie est belle, moins nous craignons de la perdre. Là-dessus la foule des hommes émerveillés répond presque unanimement, contre quelques tristes par serment. Ils luttent contre le sentiment le plus fort peut-être ; et ils en tirent encore une sorte de bonheur. C'est le fond de nous, qu'au-delà de tout accepter il y ait encore le pouvoir de tout refuser. Ce dernier moment est chrétien, et l'autre est païen. Peut-être jugera-t-on que le salut de nos affections se fait à peu près de même sorte par ces deux chemins.

Mais il faut juger de plus près les sentiments d'un homme accroupi sous le toit du monde, afin de mesurer mieux les nouvelles dimensions de son cœur. Que tout ce spectacle soit grand et beau, cela veut dire que nos sentiments nous sont remis à nous-mêmes. Mais ce recueillement ne nous étrangle pas. Et il est très vrai que notre âme, cet intérieur si intime, s'étend alors au-delà des mondes, de façon qu'en cette étrangeté et inhumanité du monde nous sommes pourtant chez nous. Car quoi de plus intime que ce bleu du ciel, ou cet horizon qui si évidemment n'est horizon que pour notre âme ? Et, à dire vrai, cette immensité n'est autre que ce qui plaît jusqu'à l'ivresse dans le monde ; ce sont des signes de distance et de variété ; les signes douloureux seraient au-dedans de nos frontières ; et convenons que notre joie franchit nos frontières. Comment ne pas avancer avec sécurité dans ce monde qui n'annonce qu'une existence après l'autre, ici l'herbe, là le rocher, l'eau plus loin, et l'abîme lui-même présent par des couleurs qui ne blessent point ? C'est par ce côté d'existence que nos aventures enfin se posent en nous sous la forme merveilleuse du récit. Nous ne cessons de les vouloir autres, mais nous attendons quelque belle suite, ouverte à notre choix comme ces chemins. Qu'est-ce que le monde, sinon des chemins et des carrefours partout ?

AVENTURES DU CŒUR, chapitre IX
in Les Passions et la Sagesse,
Bibl. de la Pléiade, pp. 374-375

APPENDICE

EN GUISE DE POSTFACE

Un parcours

Il fallait un ordre. Ainsi se sont décidées les cinq parties qui scandent ce volume, et proposent un parcours. Mais il sera bon de ne pas trop s'y fier ; et de retrouver partout d'autres liens entre les Propos recueillis. Le hasard corrigera les intentions qui ont restreint le choix ; et, si nous passons ici un léger crayon sur le canevas, ce sera pour mieux permettre de le gommer. Le premier mérite d'un guide, s'il se glisse entre des images et ceux à qui il les montre, est d'être transparent. Or il s'agit bien ici de parcourir un livre d'images. Images du monde au travers desquelles se reflètent ou se débattent le sens et l'ordre de la nature.

Sans doute apprend-on à nommer la diversité de la nature dans les livres, mais on ne saurait l'y découvrir ni en subir l'emprise. Or c'est bien à cette rencontre qu'Alain achemine son lecteur dans ce recueil des plus célèbres Propos que le philosophe écrivain a consacrés à peindre les lieux à quoi il s'est attaché et d'où il se fait rêveur démiurgique et s'invente d'être poète d'un monde dans lequel l'homme s'avise, en sa précarité d'individu, de répondre de son destin.

Cette suite de spectacles naturels nous rend d'abord les couleurs et le froissement du tissu terrestre. Car c'est de cette communication élémentaire avec le vent, les nuages, les marches du soleil au travers des fabuleuses constellations, ou les mutations de la lune et le balancement des marées, que s'élèvent les recherches qu'Alain conduit en philosophe sur ce que nous nommons la nature. C'est par l'acuité de la description et le travail des métaphores qu'elle génère qu'opère la méditation qui trouve sa forme propre dans les *Entretiens au bord de la mer*, ouvrage difficile à quoi ce recueil peut introduire. La première observation sera que l'attention du philosophe diffère les images par lesquelles se vulgarise la science moderne, et qu'à rebours elle commence par ressusciter les primitives cérémonies de la terre, retrouvant les gestes de la sagesse antique. Elle ne se tourne pas pourtant vers le passé ; mais en revanche elle résiste à l'illusion de l'avenir professé comme un autre temps. La nature est la permanence du présent.

Toute pensée sur la nature procède chez Alain du sentiment puissant, et non mystique, de notre appartenance au monde, à ce monde que l'on dit terrestre, quoique ouvert au ciel et baigné par l'océan. Nul doute sur cette existence donnée. Nul doute que ce monde soit notre lieu et ne quitte jamais notre pensée jusque dans sa réflexion sur elle-même, de même qu'il est le socle sur quoi s'érige l'affirmation de soi. Sous l'idée de nature l'homme devra se connaître indivisiblement pris dans l'existence. Partie liée à d'autres parties en une totalité ouverte qui, sous les réseaux que tisse l'entendement, reste pur événement. Partie dépendante, certes, autant qu'elle subit en elle les mouvements des autres parties et les perçoit. Partie autonome par l'élévation de cette perception à la pensée, laquelle ne peut saisir la loi des choses sans modifier le rapport que l'homme soutient avec elles.

Cela même est sentiment et geste avant d'être rumination de pensée. La nature nous est immédiate et vitale. C'est ce lien physiologique qui s'exprime religieusement dans les premières images que l'homme se forme de tout ce qui l'entoure. Notre appartenance à la nature et la contestation que la pensée y installe se figurent dans une première partie (*saisons et fêtes*) selon sa manifestation la plus apparente qu'est le déroulement des saisons et des jours auquel se soumettent invinciblement les activités humaines. Alain part d'une perception naïve qu'il recueille et redresse et d'un sentiment religieux qu'il restaure et fait comprendre. Les saisons, qui règlent le cycle de la vie, se célèbrent en fêtes qui en produisent le premier langage. Le lien de l'homme à la nature est bien, en ce sens, originairement religieux. Le savoir de la nature se conquiert sur les images de la religion en tous ses étages, mais par retour c'est la philosophie de la religion qui sera destinée à éclairer, sinon à se substituer à la philosophie de la nature.

Cette première partie décline donc le cours de l'année sous l'unité cyclique des saisons et de leur métaphore que sont les fêtes, par lesquelles l'homme adhère au mouvement de la nature. Les propos retenus livrent en prélude les thèmes déployés dans la suite. Le hasard traverse le choix et brise la continuité conceptuelle du discours philosophique ; et si cela déçoit l'attente spéculative du lecteur, celui-ci n'en sera que mieux ramené à la rencontre permanente et suffisante du monde présent. Il est vrai que c'est par célébration et réflexion que s'invente le spectacle de la nature. Cela sollicite l'art de l'écrivain. La réflexion passe donc par la culture pour revenir à la nature. Comme la saison se donne dans la fête, la nature se donne à l'homme dans les signes qu'il en perpétue.

Le ciel crée le premier recul ; il brille au-dessus des saisons, et au-delà de la portée de nos actions. Il offre l'intelligibilité du retour et découvre l'ordre à quoi se suspendra la loi. C'est ce qu'illustre la deuxième partie. Les astres signifient l'immuable retour, ils font lire un autre temps, incorruptible aux événements, inépuisable aux entreprises. Ils offrent le premier modèle d'un ordre qui ne plie pas à la volonté du plus puissant, et ils déploient l'image d'une nécessité inflexible mais lisible à l'intelligence. Le savoir rompt avec l'action. Ainsi s'amorce le passage à une réflexion philosophique qui portera tour à tour sur l'ordre de la nature et sur l'irréductibilité de l'existence. Là encore il est utile de dire que la spontanéité du Propos, là même où elle multiplie les variations sur un même thème, n'obéit pas à un système, lors même qu'elle nourrit une doctrine ; elle vise essentiellement à éveiller et initier, en faisant miroiter les enjeux de la réflexion sur la nature.

L'initiation comporte un élément didactique. Il s'agit de ressaisir en troisième partie la marche du savoir qui supporte notre représentation des phénomènes naturels. Alain suit le détour de la théorie et évalue le poids de l'expérience. La volonté du philosophe réflexif est de manifester et défendre la continuité de la perception à la science. C'est ce que signifie l'éloge de l'apparence à quoi s'assimilent le parcours des saisons et la considération du ciel. Mais le retour à l'apparence se comprend chez Alain comme réactivation de l'interprétation qu'elle met en jeu. Ce qui se donne dans l'apparence, ce n'est pas l'image sur quoi se fixe la croyance (la vague qui court vers le rivage, la lune plus grosse à l'horizon qu'au zénith), mais l'élément sur quoi opèrent l'interrogation et le doute. On ne peut partir que de l'apparence défaite et refaite, et toujours reculée. Alain défend une notion de la science qui refuse de confondre l'intelligence de ses résultats à la maîtrise des processus qui les produisent, et qui reste donc à distance du progrès technique sur quoi s'assurent la puissance et les transformations que l'homme peut imprimer à la nature. Il défend devant l'institutionnalisation de la science l'autonomie de l'intelligence dans l'exercice individuel du jugement. Le pouvoir du savoir n'est pas dans la capacité de dominer mais de rendre à un esprit autonome le sens qu'il prête à l'existence du monde et à sa propre activité.

Alain combat également providentialisme et fatalisme. Il n'y a pas de gouvernement de la nature. En cela il défend le matérialisme dans l'explication des phénomènes, non pas comme dogme, mais comme instrument critique à l'égard des fictions. Le recours à l'expérience repose sur le maniement des hypothèses. Le modèle que maintient Alain est celui d'une perception élargie qui dans l'existence présente rend l'esprit législateur. Toute loi est hypothétique. Mais c'est précisément sur cette fonction de l'hypothèse qu'Alain sépare technique et savoir. Il est philosophe par la volonté de trouver dans le savoir l'épreuve de la reconnaissance de l'homme. L'avènement d'une raison qui éclaire nos choix.

La critique de l'entendement doit nous disposer à éprouver le sentiment de l'existence nue, c'est-à-dire déshabillée de toute justification, livrée à un ordre de déterminations purement extérieures, et qui résultent de rencontres, sans aucune intention ni volonté. L'ordre de la nature est étranger à tout décret, à tout calcul comme à toute ruse. Innocence de l'existence en son aveugle indifférence. Champ de l'irresponsabilité, dit Alain, ouvert sous chaque choix. C'est ce dont il faut se pénétrer longuement si l'on veut discerner l'assise et la texture de l'ordre que les hommes veulent instituer au sein de la nature. L'étroit passage qu'Alain indique fugitivement est à saisir dans la coïncidence de l'acte et de l'événement.

L'esprit introduit dans la nature une finalité à quoi la nature demeure étrangère. Renoncer à suspendre l'ordre de la nature à un règne de fins, c'est s'en tenir à l'existence comme elle est. En ce sens la nature est le monde sans l'homme. Cette existence qui ne se règle pas sur lui rappelle à l'homme que c'est à lui de produire l'ordre par quoi il prétend se soustraire à la nature. Il n'y a pas d'autre finalité qu'humaine et morale, au sens où elle désigne ce par quoi l'humanité se prend elle-même pour fin en chaque individu, et dans les rapports par quoi l'individu se fait juge et acteur à sa place, autant qu'il lui appartient.

L'affirmation de l'esprit est pour finir (cinquième partie) la seule lumière dont s'éclaire la nature, mais précisément elle est ce qui ne procède pas de l'existence. Ce vide que Hegel objecte à Kant est exactement l'intervalle de la foi chez Alain, foi qui ne peut reposer que sur elle-même, mais qui s'affronte au champ indéfini du désordre en quoi il appartient à la raison de produire l'ordre dont émergent le monde et son image. Le mythe platonicien, dont s'enchante Alain, transfère par le retrait du démiurge l'achèvement sans fin de la création aux dieux subalternes qui produisent images et images d'images. Ainsi Alain oppose-t-il une pensée virile qui ne s'assure que d'elle-même à la pensée puérile qui se confie à la nature. Il s'arrête longuement à l'irréductibilité de l'existence à la pensée, sur ce rivage, où se peint notre condition. Tournant le dos à la terre des hommes, il fait face à l'océan, pour nous confronter au pur devenir en quoi tout ordre s'engloutit. Voilà ce qu'il nomme l'existence nue, extériorité et fluidité, désordre transparent, en quoi Alain nous invite à nous régénérer.

De crépuscule en aurore, ce détachement qu'on nomme le doute prend la nature à contre-jour. Autre lumière, autre relief. Cet intervalle de la nature à l'esprit est métaphoriquement signifié dès la première partie, et interprété dans l'opposition du paganisme au christianisme. C'est par là que le lecteur est invité à retrouver la nature dans l'homme, car dans l'homme la nature ne s'arrête pas au seuil de la culture, mais elle est l'assise de tout développement culturel. C'est ce que doit rendre plus manifeste la référence à l'ordre social et politique, au sein duquel l'humanité se dispute à elle-même. Quelle autre raison dédier à l'existence hors de la joie dont nous l'inspirons et qui lui confère sa fugitive plénitude ? Quelle autre justification que la beauté qui rend à nos propres et intimes sentiments l'ampleur du monde extérieur ?

Robert Bourgne, 12 juin 2003

Histoire du texte

Voici la liste des conventions adoptées pour désigner les Recueils de Propos ou les Périodiques qui ont publié au moins un des Propos figurant dans les *Propos sur la Nature.*

PÉRIODIQUES

DRN *La Dépêche de Rouen et de Normandie*

LP *Libres Propos (Journal d'Alain),* 1re série, 1921-1936. Imp. Coop. La Laborieuse, Nîmes ; LP (NS) : *Libres Propos (Journal d'Alain),* nouvelle série, 1927-1936.

NRF *La Nouvelle Revue Française.*

RECUEILS

BON *Propos sur le bonheur,* 1925 : 1re édition Jo Fabre, Cahiers du Capricorne, Nîmes, 60 Propos ; 1928 : édition augmentée, NRF, Gallimard, 93 Propos.

CHR *Propos sur le christianisme,* Coll. Christianisme, Rieder, 1924, 51 Propos.

CUP *Les Cent Un Propos d'Alain* : I = 1re série, Lecerf, 1908 · III = 3e série, Lecerf, 1911 ; IV = 4e série, Wolf, 1914

CUP V — *Les Cent Un Propos d'Alain*, 5e série, Marcelle Lesage, 1928.

ECO — *Propos d'économique*, NRF, Gallimard, 1935, 90 Propos.

EDH — *Esquisses de l'homme*, 1927, 1re édition, Helleu et Sergent, 66 Propos ; 1938, édition augmentée, NRF Gallimard, 95 Propos.

EDU — *Propos sur l'éducation*, Rieder, 1932 ; PUF, 1948, PUF Quadrige, 1986, édition revue et augmentée, 87 Propos.

EST — *Propos sur l'esthétique*, Stock, 1923, 35 Propos, rééd. PUF 1949.

INT — Les *Propos d'un Normand* (1906-1914), Édition intégrale des 3083 Propos d'un Normand, texte établi par Pierre Zachary, notes historiques de Jean-Marie Allaire, Institut Alain, Paris 1990-2001.
Tome 1 : année 1906, 309 Propos, 1990 ;
tome 2 : année 1907, 356 Propos, 1992 ;
tome 3 : année 1908, 359 Propos, 1993 ;
tome 4 : année 1909, 360 Propos, 1994 ;
tome 5 : année 1910, 365 Propos, 1995 ;
tome 6 : année 1911, 364 Propos, 1997 ;
tome 7 : année 1912, 366 Propos, 1998 ;
tome 8 : année 1913, 362 Propos, 1999 ;
tome 9 : année 1914, 242 Propos, 2001 ;
tome 10, *Le premier journalisme d'Alain (1900-1906)*, 2001.

MIN — *Minerve ou de la sagesse*, 89 Propos, Hartmann, 1939 ; Table Ronde, La petite vermillon, 2001.

NOR I, II, III — *Propos d'un Normand*, choisis par Michel Alexandre et Antoinette Drevet, tome I, NRF, Gallimard, 1952, 177 Propos ; tome II, NRF, Gallimard, 1955, 175 Propos ; tome III, NRF, Gallimard, 1956, 149 Propos.

PBA	*Propos sur les Beaux-Arts*, PUF, Quadrige, 1998, 107 Propos présentés par François Foulatier.
PDA I et II	*Propos d'Alain*, NRF, 1920, 2 tomes, 177 + 178 Propos choisis par Michel Arnauld.
PHI	*Propos sur des philosophes*, PUF, 1961, 107 Propos.
POL	*Politique*, PUF, 1952, 132 Propos.
POU	*Propos sur les pouvoirs*, Gallimard, Folio-essais n° 1, 1985, 141 Propos présentés par Francis Kaplan.
PPO	*Propos de politique*, Rieder, 1934, 84 Propos.
PRE	*Préliminaires à l'esthétique*, NRF, Gallimard, 1939, 101 Propos.
Pr1	*Propos*, choisis par Maurice Savin, Gallimard, Bibliothèque de la Pléiade, 730 Propos, 1956, rééd. 1984.
Pr2	*Propos* II, choisis par S.S. de Sacy, Bibliothèque de la Pléiade, 1970, 650 Propos.
REL	*Propos sur la religion*, Rieder, 1938, PUF, rééd., 1951 et 1969, 87 Propos.
SDE	*Les saisons de l'esprit*, NRF, Gallimard, 1937, 91 Propos.
SPS	*Sentiments, passions et signes*, 1926, 1re édition, Marcelle Lesage, 60 Propos ; 1937, réédition augmentée, NRF, Gallimard, 82 Propos.
VDE	*Vigiles de l'esprit*, NRF, Gallimard, 1942, 100 Propos.

Nous avons pu disposer pour établir le texte des *Propos sur la nature* de la quasi-totalité des manuscrits (ms), conservés à la Bibliothèque nationale de France (BNF), nouvelles acquisitions françaises (NAF). Il nous a également été possible de nous reporter aux épreuves corrigées par Alain des recueils suivants : *Propos sur le Bonheur*, Gallimard, 22 juillet 1927 (NAF 17702) — *Préliminaires à l'esthétique* (d'abord intitulé Propos sur les Beaux-Arts), imp. Arrault et Cie Tours, 27 mai 1939 (NAF 17703) — *Sentiments, passions et signes*, Marcelle Lesage 1926, imp. Lefèvre, 23, rue de la Mare,

Paris 20ᵉ (NAF 17703) — *Les saisons de l'esprit*, imp. Arrault et Cie (1res épreuves) 27 mai 1939 (NAF 17703).

Nous avons indiqué les titres donnés aux Propos, soit par Alain lui-même (liste récapitulative pour les Propos d'un Normand), soit par l'éditeur des recueils ultérieurs (Maurice Savin, par exemple, dans Pr1). Les dates d'écriture ne sont indiquées que lorsqu'elles sont confirmées par Marie Monique Morre-Lambelin. Enfin, rappelons que les notes sont appelées dans le texte par des indices alphabétiques.

le 26 mai 2003, Pierre Zachary

1

Première publication : DRN, Propos d'un Normand, mardi 2 mars 1909.
Recueils : CUP III, XXVII ; PDA I, XV ; Nor I, XV — Pr1 pp. 50-51 ; INT 1085.
Titre par Alain : Soleil d'hiver ; réintitulé par Maurice Savin : Fête de la lumière in Pr1.

2

Première publication : LP (NS), 2ᵉ année, n° 3 XCVII, 20/3/1928.
Recueils : SDE, XI, Soleil instable ; Pr1 pp. 763-764, idem.
Manuscrit conservé à la BNF, NAF 13967,192.

a. SDE et Pr1 : flocons de givre/*nous suivons le manuscrit.*
b. SDE et Pr1 : appel du vent/*idem.*

3

Date d'écriture : 2 avril 1923. Première publication : LP 3ᵉ année, n° 1, I, 21/4/1923. Recueils : CHR XXX, La lune pascale ; REL, L, Rieder, 1938, Puf, 1951 ; Pr1, pp. 475-476, idem.

a. CHR : la tête. C'est pourquoi/ *addition dans* REL.

4

Date d'écriture : 3 juillet 1924.

Première publication : LP 4e année, n° 4, XXXI, 15/8/1924.

Recueils : CUP V, C ; VDE, LXVI, L'instinct ; Pr1 pp. 620-622, idem.

Ms conservé à la BNF, NAF 17696, 45.

a. Ms et CUP V : Mais si je/VDE et Pr1.

5

Première publication : DRN, Propos d'un Normand, samedi 11 juin 1910.

Recueils : CUP IV, IX ; PDA I, CLXXVII ; NOR I, CLXXVII ; Pr1 pp. 74-75, idem ; PBA, 21 ; INT, 1546.

Titre donné par Alain : Fête de juin ; réintitulé par Maurice Savin : Prairial, in Pr1.

6

Date d'écriture : 26 juillet 1921.

Première publication : LP 1re année, n° 18, CXXII, 6/8/1921

Recueils : EST pp. 78-81, Le Rossignol ; SDE, XXVII ; Pr1 pp. 262-263 ; PBA, 22. Ms conservé à la BNF, NAF 14222, 22.

a. ms et EST : l'attente. On voudrait croire/*addition de* SDE.

b. ms et EST : Comme le génie/*correction de* SDE.

c. ms et EST : bien alentour, et que la brousse/*idem*.

d. ms et EST : l'homme. Il a fallu/*addition de* SDE.

e. ms et EST : Ainsi chante le rossignol, plus réel/*correction de* SDE.

7

Premières publications : NRF, 15e année, n° 178, 1er juillet 1928 ; LP (NS) 2e année, n° 7, CXXXIII, 20/7/1928.

Recueils : SDE XXIV, La Fête-Dieu ; Pr1, pp. 788-789.

Le Ms est conservé à la BNF, NAF 13967, 217.

8

Date d'écriture : 1er octobre 1923.

Première publication : LP 3e année, n° 14, XCII, 20/10/1923.

Recueils : EDH 1927, Le rouge-gorge ; PRE, LXI, L'artiste ; Pr1 pp. 539-541, Le rouge-gorge.

Ms conservé à la BNF, NAF 14 224, 46.

a. Ms : racines. Par quoi *: addition de EDH suivie par PRE.*

9

Date d'écriture : 17 octobre 1922.

Première publication : LP 2e année, n° 15, CIII, 28/10/1922.

Recueils : CUP V, LXXX ; Pr2, 340.

Ms conservé en collection particulière (Pierre Zachary).

10

Premières publications : La Lumière, 9e année, n° 440, 12/10/1935 ; Feuilles Libres (NS), 9e année, n° 10-11-12, XCI, 1/12/1935.
Recueils : SDE, LXII, Pensées d'automne ; Pr1, pp. 1284-1286, idem ; POU, 133.
Ms conservé à la BNF, NAF 14225, 91.

11

Date d'écriture : 1er novembre 1926.
Première publication : L'Émancipation, n° 11, XCI, 20/11/1926.
Recueils : SDE LXX, La Toussaint ; Pr1 pp. 691-693, idem.
Ms conservé à la BNF NAF 13967, 104.

a. *Le texte de* SDE : « ainsi leur méchanceté (...). C'est donc..., *corrige le manuscrit qui donne :* et c'est ce que le commun langage nous enseigne énergiquement, car le méchant veut dire littéralement qui tombe mal. C'est donc...

12

Première publication : NRF, 20e année, n° 232, 1/1/1933 ; LP (NS), 7e année, n° 1, III, 25/1/1933
Recueils : SDE, II, L'Enfant-Dieu ; Pr1 pp. 1113-1115, idem.
Ms conservé à la BNF, NAF 13968, 198.

a. ms : comme un bruit/ *correction sur les épreuves de* SDE.

b. ms : Et c'est aussi adorer/ *répétition du ms supprimée, idem.*

13

Première publication : DRN, Propos d'un Normand, mercredi 15 septembre 1909.
Recueils : CUP III, LXIX ; PDA I, XXIX ; NOR I, XXIX ; Pr1, pp. 59-60 ; INT, 1280.
Titre donné par Alain : Les étoiles ; réintitulé : Les astres modèles, par Maurice Savin in Pr1.

14

Première publication : DRN, Propos d'un Normand, samedi 8 juillet 1911.
Recueils : PDA I, XXX, NOR I, XXX ; Pr1, pp. 115-116 ; INT, 1937.
Titre donné par Alain : Le cadran lunaire ; réintitulé : Astronomie, par Maurice Savin in Pr1.

15

Date d'écriture : 20 juin 1924.
Première publication : LP, 4e année, n° 3, XXV, 15/7/1924.
Recueils : EDU, LXIV, Rieder 1932, PUF Quadrige 1986 ; Pr1, pp. 613-615, Savoir ou pouvoir ; PHI, XXIV, Thalès.
Ms conservé à la BNF, NAF 17696, 42.

a. ms : d'un concert/ *nous suivons* EDU.

b. ms : cet autre projet/ *idem.*

c. ms : le fond d'un puits. En ces recherches/ *addition de* EDU.

16

Première publication : DRN, Propos d'un Normand, vendredi 24 décembre 1909.

Recueils : CUP III, LXXXVII ; PDA I, II ; NOR I, II ; Pr2, p. 115 ; INT, 1377.
Titre donné par Alain : Orion.

17

Date d'écriture : 30 avril 1922.
Première publication : LP, 2e année, n° 3, XVIII, 13/5/1922.
Recueils : EDH 1927, Astronomie ; EDH 1938, LXXXVII ; Pr1, pp. 396-397, idem.
MS conservé à la BNF, NAF 14224, 59.

a. ms : Ou si seulement tu interroges, tu seras trompé/ *phrase omise dans EDH rétablie dans Pr1.*

b. *ms :* personne, mais/EDH, *correction fréquente chez Alain lorsqu'il relit les épreuves.*

18

Première publication : DRN, Propos d'un Normand, lundi 25 octobre 1909.
Recueils : CUP III, LXXVIII ; PDA II, IV ; NOR III, LXI ; Pr1, pp. 64-65 ; INT, 1319.
Titre donné par Alain : Saturne ; par Maurice Savin : Une histoire de lunette in Pr1.

19

Première publication : DRN, Propos d'un Normand, jeudi 29 février 1912.
Recueil : INT, 2173.
Titre donné par Alain : La planète Mars.

20

Date d'écriture : 23 octobre 1921.
Première publication : LP 1re année, n° 31, CCXII, 5/11/1921.
Recueils : VDE, XI, Leçons de l'éclipse ; Pr1, pp. 310-311, idem.
Ms conservé à la BNF, NAF 17694, 205.

21

Date d'écriture : 12 mars 1922.
Première publication : LP, 1re année, n° 51, CCCLII, 25/3/1922.
Recueils : CUP V, LXI ; VDE, XXVIII, L'avenir par les astres ; Pr1, pp. 375-376, idem.
Ms conservé à la BNF, NAF 17695, 57.

a. ms : vers le couchant/*Nous suivons CUP V et les éditions ultérieures.*

22

Première publication : DRN, Propos d'un Normand, mercredi 31 août 1910.
Recueils : CUP IV, XIX ; EDU XLVIII ; Pr1, pp. 81-83 ; INT, 1627.
Périodique : L'École Libératrice, XXIX, 3 mai 1930, Alain apporte de nombreuses corrections et donne le titre : L'Almanach, repris dans Pr1 par Maurice Savin.

23

Premières publications : NRF 21e année, n° 236, 1/4/1933 ; LP (NS), 7e année, n° 4, XXV, 25/4/1933.

Recueils : SDE, XII, Présages ; Pr1, pp. 1139-1141.

a. ms : mais le corps/ *Nous suivons* SDE.

b. ms : les passions s'y mettent/ *idem.*

c. ms : par la même raison/ *idem.*

24

Première publication : LP (NS), 2ᵉ année, n° 6, CXXIV, 20/6/1928.

Recueils : SDE, XXVIII, Le surnaturel : Pr1, pp 784-786, idem.

Ms conservé à la BNF, NAF 13967, 209.

25

Date d'écriture : 24 février 1922.

Première publication : LP 1ʳᵉ année, n° 48, CCCXXXVI, 4/3/1922.

Recueils : VDE, XXIV : Obscurités de l'expérience ; Pr1, pp. 365-367, id.

a. ms : lunaires ; mais/VDE.

26

Date d'écriture : 7 octobre 1923.

Première publication : LP 3ᵉ année, n° 14, XCV, 20/10/1923.

Recueils : VDE, LIV : Éloge de l'apparence ; Pr1, pp. 543-544, id.

Ms conservé à la BNF, NAF 17695, 277.

a. ms : Mais je ne puis/ *nous suivons* VDE.

b. ms : discutée, et même doit l'être, et une supposition de même,/ *idem.*

c. ms : en vue d'en/ *idem.*

27

Date de l'écriture : 15 novembre 1927.
Première publication : LP (NS), n° 9, LXIII, 20/11/1927.
Recueil : Pr2, p. 453.
Ms conservé à la BNF, NAF 13967, 163.
a. Pr2 *édité fautivement* : branches.
b. Pr2 : au rivage/ *nous gardons le pluriel du ms.*

28

Date d'écriture : 16 mai 1922.
Première publication : LP, 2e année, n° 4, XXVI, 27/5/1922.
Recueils : VDE, XXXVIII, Les conditions de l'expérience ; Pr1, pp. 403-404, id.
Ms conservé à la BNF, NAF 17695, 91.

29

Date d'écriture : 14 mai 1924.
Première publication : LP, 4e année, n° 2, XII, 15/6/1924.
Recueil : VDE LXII, Rapport de la raison et de l'expérience ; Pr1, pp. 605-606, id.
Ms conservé à la BNF, NAF 13967, 7.
a. Ms : Mais non point/ *nous suivons* SDE.

30

Date d'écriture : 22 juin 1924.
Première publication : LP 4e année, n° 3, XXVI, 15/7/1924.

Recueils : VDE, LXV, Le morceau de plomb ; Prl, pp. 615-616, id.

Ms conservé à la BNF, NAF 13967, 16.

a. ms : Comme il était continuellement/VDE.

31

Premières publications : La Lumière, 5e année, n° 207, 25/4/1931 ; LP (NS), 5e année, n° 5, XXXVIII, mai 1931.

Recueils : EDU XXVII ; Prl pp. 1008-1110, Leçons de choses.

Ms conservé à la BNF, NAF 13968, 39.

a. ms : Nous apprend à admirer/EDU.

b. *On lit dans le ms* : Mais si l'on demande pourquoi l'effet est le même dans l'éclipse de lune, où les deux astres sont en opposition, que dans l'éclipse de soleil, où ils sont en conjonction ». *L'interversion, dans EDU, n'altère pas la pertinence de la formulation astronomique.*

32

Date d'écriture : 7 juin 1922.

Première publication : LP, 2e année n° 6, XXXVII, 24/6/1922.

Recueils : CUP V, LXXII ; Prl, pp. 411-413, Propriétés.

Ms conservé à la BNF, NAF 17695, 99.

a. ms : sa nature. Cette chimie/*nous suivons l'addition de* CUP V.

b. ms : s'étale ; et aucune chose/*idem.*

c. ms : combustibles, ainsi que les livres nous l'expliquent/*idem.*

33

Date d'écriture : 8 mai 1922.
Première publication : LP, 2e année, n° 4, XXII, 27/5/1922.
Recueils : EDU, XXX ; Pr1, pp. 399-411, Définir les formes.
Ms conservé à la BNF, NAF 17695, 89.
a. ms : Mais, bien mieux/*nous suivons* EDU.
b. ms : Mais l'homme/*idem*.

34

Premières publications : La Lumière, 6e année, n° 295, 31/12/1932 ; LP (NS), 7e année, n° 1, VII, 25/1/1933.
Recueils : ECO, LXIX ; Pr1, pp. 1111-1113, Machines simples.
Ms conservé à la BNF, NAF 13968, 202.
a. ECO : travail ? Mais/*nous suivons le ms.*

35

Première publication : DRN, Propos d'un Normand, mercredi 21 janvier 1914.
Recueils : EDU, LXI ; Pr1, pp. 174-176 ; INT, 2862.
Titre par Alain : Leçons de choses, à quoi Maurice Savin ajoute : pour adultes in Pr1.
Alain a repris ce Propos pour L'École Libératrice, XXXIII, du 31 mai 1930, sous le titre : Promenades ou Problèmes.
Ms conservé au Musée Alain de Mortagne-au-Perche.

36

Date d'écriture : 27 juillet 1933.
Première publication : LP (NS), 7e année, n° 8, LV, 25/8/

1933. Recueils : EDH 1938, XLIX, Chasseurs d'horizons ; Pr1, pp. 1168-1169, id.
Ms conservé à la BNF, NAF 13968, 250.

37

Date d'écriture : 5 janvier 1933.
Première publication : LP (NS), 7e année, n° 1, II, 25/1/1933.
Recueils : VDE, XCV, Fétichisme des physiciens ; Pr1, pp. 1117-1119, id.
Ms conservé à la BNF, NAF 13968, 197.

a. ms : Les petits d'homme sont bien mal élevés. *Cette dernière phrase du ms n'est pas donnée par* VDE.

38

Date d'écriture : 3 septembre 1929.
Première publication : LP (NS), 3e année, n° 9, CCXLIV, 20/9/1929.
Recueils : VDE LXXXIII, Le bon usage des idées ; Pr1, pp. 870-872, id.
Ms conservé à la BNF, NAF 13967, 305.

a. VDE *donne fautivement* : application

39

Date d'écriture : 16 avril 1922.
Première publication : LP, 2e année, n° 2, XI, 29/4/1922.
Recueils : VDE, XXXIV, Les pièges de la mathématique ; Pr1, pp. 390-391 ; id.
Ms conservé à la BNF, NAF 17695, 79.

40

Premières publications : NRF, n° 238, 1/7/1933 ; LP (NS), 7e année, XLVIII, 25/7/1933.

Recueils : SDE XXIX, L'apparence sacrée ; Pr1, pp. 1165-1167, id.

Ms conservé à la BNF, NAF 13968, 243.

a. ms : monde, mais/ *nous suivons* SDE

b. ms : Mais pourquoi ?/ *idem.*

c. ms : mais sur le bord/ *idem.*

d. ms : ma porte ou que/ *idem.*

41

Date d'écriture : 22 avril 1922.

Première publication : LP, 2e année, n° 2, XIV, 29/4/1922.

Recueils : VDE, XXXV, L'ombre de Platon ; Pr1, pp. 393-394, id. ; PHI, XIII, Platon

Ms conservé à la BNF, NAF, 17695, 81.

42

Date d'écriture : 25 janvier 1932.

Première publication : LP (NS), 6e année, n° 2, IX, février 1932.

Recueils : VDE, XCII, L'éternel Aristote ; PHI, XXXII, Hegel et Aristote ; Pr2, 542.

Ms conservé à la BNF, NAF 13968, 107.

a. ms : attacher les attributs/ *nous suivons* VDE.

43

Première publication : DRN, Propos d'un Normand, jeudi 3 octobre 1907.

Recueils : CUP I, LXXXV ; NOR II, LXVII, Prl pp. 14-15.
Titre donné par Alain : L'écluse, repris par Maurice Savin in Prl.

44

Date d'écriture : 12 juin 1926.
Première publication : L'Émancipation, 40e année, n° 6, LXXVIII, 15/6/1926.
Recueils : EDH 1927, L'existence ; EDH 1938, LXXXVI, id. ; Prl, pp. 684-685, id. ; PHI, III, Hegel.
Ms conservé à la BNF, NAF 14224, 58.
a. Il est bien remarquable (...) de la terre. *Addition dans* EDH 1938.

45

Premières publications : NRF, 23e année, CCLV, 1/12/1934 ; LP (NS), 8e année, n° 12, XCI, 25/12/1934.
Recueils : SDE, LI, Le cormoran ; Prl, pp. 1220-1222, id.
Ms conservé à la BNF, NAF 13968, 389.
a. ms : sur l'écriteau/ *nous suivons* SDE.
b. *Alain écrit* banderolle. *Littré signale dans son* Dictionnaire de la langue française que cette graphie était courante au XVIe, chez Amyot et Lanoue notamment.
c. ms : trompeuse mémoire. Mais si loin des livres/ *addition et correction d'Alain sur les épreuves de* SDE.

46

Premières publications : NRF, 14e année, n° 165, 1/6/1927 ; LP (NS), n° 4, XXII, 20/6/1927.
Recueils : SDE, XXIII, Couleurs ; Prl, pp. 713-715, idem.
Ms conservé à la BNF, NAF 13967, 134.

47

Date d'écriture : 1er novembre 1927.
Premières publications : NRF, 15e année, n° 170, 1/11/1927 ; LP (NS), n° 9, LXIV, 20/11/1927.
Recueils : SDE, LII, La dune ; Pr1, pp. 738-740, idem.
Ms conservé à la BNF, NAF 13967, 164.

a. ms : des petites vagues/ *nous suivons les épreuves de* SDE.
b. ms : c'est plutôt le soc/ *idem.*

48

Première publication : LP (NS), n° 7, XLV, 20/9/1927.
Recueils SDE, XLVII, Les tourbillons ; Pr1, pp. 731-733, idem.
Ms conservé à la BNF, NAF 13967, 150.

49

Première publication : LP (NS), n° 1, I, 20/3/1927.
Recueils : SDE, XXXIII, Descartes et Spinoza ; Pr1, pp. 697-698, idem ; PHI, IV, Spinoza ; *Spinoza*, Gallimard TEL 1996, IV, Le grand cristal.
Ms conservé à la BNF, NAF 13967, 115.

a. ms : cette nécessité/ *Nous suivons les épreuves de* SDE.

50

Date d'écriture : 20 août 1929.
Premières publications : La Psychologie et la Vie, 3e année, n° 9, septembre 1929 ; LP (NS), 3e année, n° 11, CCLXII, 20/11/1929.

Recueils : MIN, III, Le fait porte les pensées ; Pr1, pp. 867-868, On ne prouve pas l'existence, titre donné par M. Savin.

Ms conservé à la BNF, NAF 13967, 320.

a. ms : Ce moment n'est/*nous suivons* MIN.

51

Date d'écriture : 15 janvier 1926.

Première publication : L'Émancipation, 40e année, n° 1, LXIII, 25/1/1926.

Recueils : VDE, LXXII, Pensées d'ozone ; Pr1, pp. 670-672, idem.

Ms conservé à la BNF, NAF 13967, 84.

a. ms : est. Mais si on peut/*nous suivons* VDE.

52

Date d'écriture : 12 janvier 1927.

Première publication : L'Émancipation, 41e année, n° 1, XCVII, 25/1/1927.

Recueils : VDE, LXXIV, Candide ; Pr1, pp. 695-697, idem.

Ms conservé à la BNF, NAF 13967, 109.

a. *Après* hébété. *le ms ouvre un alinéa que l'édition de VDE n'a pas maintenu, sans doute par souci de cohérence.*

b. VDE : paille/*nous rétablissons le pluriel du ms.*

53

Date d'écriture : 3 juillet 1928.

Première publication : LP (NS), 2e année, n° 7, CXXXI, 20/7/1928.

Recueils : VDE, LXXVII, La charpie ; Pr1, pp. 790-791, idem.
Ms conservé à la BNF, NAF 13967, 215.

54

Date d'écriture : 12 décembre 1923.
Première publication : LP, 3e année, n° 19, CXXVIII, 29/12/1923.
Recueils : EDH 1927, La mer institutrice, EDH 1938, LI, idem. ; Pr1, pp. 565-567, id.
Ms conservé à la BNF, NAF 14224, 31.

a. j'entends une lutte (...) ce qui est : *phrase non éditée dans EDH 1927.*

b. ms : il reste encore trop/*nous suivons* EDH.

c. EDH 1938 : mêlés, à cette boue/nous suivons EDH 1927 qui suit le ms.

d. EDH 1938 : l'expérience/*idem.*

55

Date d'écriture : 16 mai 1926.
Première publication : dans le recueil SPS, chez Marcelle Lesage, 7 juillet 1926, fac-similé de la préface manuscrite ; réédition Gallimard 1935.

56

Date d'écriture : 4 décembre 1923.
Première publication : LP, 3e année, n° 18, CXXIV, 15/12/1923.
Recueils : BON 1925, Des caractères, BON 1928, XXI, id. ; Pr1, pp. 561-562, idem.
Ms conservé à la BNF, NAF 14223, 14.

a. et c'est souvent (...) la faute de l'autre/ *addition manuscrite d'Alain sur les épreuves de BON, Gallimard, 22 juillet 1927.*

57

Date d'écriture : 30 novembre 1923.
Première publication : LP, 3e année, n° 18, CXXII, 15/12/1923.
Recueils : SPS 1926, XXXII, Natures, SPS 1935, XLIV, id. ; Pr1, pp. 559-561, id.
Ms conservé à la BNF, NAF 17695, 299.

a. sans changer (...) cheveux : *addition manuscrite d'Alain sur les épreuves de* SPS 1926.

b. c'est assez de dire (...) guère/ *idem.*

c. encore/ *ajout sur les mêmes épreuves, oublié dans l'édition.*

d. selon que vous favorisez ou contrariez ce qu'il aime/ *addition idem.*

e. Bien mieux (...) le roc/ *idem.*

58

Premières publications : NRF 14e année, n° 163, 1/4/1927 ; LP (NS), n° 2, XI, 20/4/1927.
Recueils : SDE, XLIV, Sur la plage ; Pr1, pp. 701-702, id.
Ms conservé à la BNF, NAF 13967, 124.

a. ms : rien n'est mystère/ *nous maintenons* SDE *et épreuves de* SDE.

59

Date d'écriture : 28 février 1929.
Première publication : LP (NS), 3e année, n° 3, CXCVII, 20/3/1929.

Recueils : PRE, LXXXIV, La Pythie ; Prl, pp. 828-829, idem.
Ms conservé à la BNF, NAF 13967, 271.

a. PRE *édite* le du *du ms, le* de *met davantage en relief l'expression :* premier mouvement.

b. forteresses. C'est ce qu'à l'école/*ajout manuscrit d'Alain sur les épreuves de* PRE.

60

Date d'écriture : 15 décembre 1921.
Première publication : LP, 1re année, n° 38, CCLXV, 24/12/1921.
Recueils : VDE, XVII, La nécessité secourable ; Prl, pp. 342-343, idem ; POU, 105.
Ms conservé à la BNF, NAF 17694, 246.

a. ms : vague. Mais/*nous suivons* VDE.

b. ms : un autre. Mais/*idem.*

61

Première publication : LP (NS), 1re année, n° 2, VII, 20/4/1927.
Recueils : PPO, I ; POL, XXX ; Prl, pp. 704-706, La résistance, titre donné par Maurice Savin ; POU, 104.
Ms conservé à la BNF, NAF 17696, 55.

a. ms : pour nous est de la contredire/*PPO et suivants.*

62

Premières publications : NRF 23e année, n° 253, 1/10/1934 ; LP (NS), 8e année, n° 10, LXXIV, 25/10/1934.
Recueils : SDE, XLII, Oies ; Prl, pp. 1224-1226, id. ; POU, 125.

Ms conservé à la BNF, NAF 13968, 371.

a. *Alain écrit* banderolles. *Cf. note b* Propos 45.

b. ms : l'homme. Et il est tel à la fois parce qu'il pense et invente, et parce qu'il redoute la pensée et l'invention, comme renouvelant toujours le schisme dans l'union adorée. Et vainement les religions/*passage supprimé par Alain dans les épreuves de* SDE, placard 34.

c. ms : en sa naissance/*nous suivons les épreuves de* SDE.

63

Premières publications : NRF 15e année, n° 171, 1/12/1927 ; LP (NS), 1re année, n° 10, LXXIII, 20/12/1927.

Recueils : SDE, LVI, Le joug ; Pr1, pp. 740-741, id.

Ms conservé à la BNF, NAF 13967, 170.

a. intérieure/*ms.*

b. SDE : qui ne peuvent/*idem.*

c. SDE : ne peuvent rien penser/*idem.*

64

Premières publications : NRF 17e année, n° 194, 1/11/1929 ; LP (NS), 3e année, n° 11, CCLXI, 20/11/1929.

Recueils : SDE, LV, La corde ; Pr1, pp. 878-880, id. ; POU, 128.

Ms conservé à la BNF, NAF 13967, 319.

a. SDE : qui ne peut/*nous suivons le ms.*

65

Date d'écriture : 20 août 1928 (selon SDE).

Première publication : LP (NS), 2e année, n° 9, CXLVII, 20/9/1928.

Recueils : SDE, XLV, L'océan instituteur ; Pr1, pp. 793-794, Notre loi secrète, titre donné par Maurice Savin.
Ms conservé à la BNF, NAF 13967, 226.

66

Première publication : LP (NS), 2e année, n° 5, CXIV, 20/5/1928.
Recueils : SDE, XIX, Les pêcheurs de goémon ; Pr1, pp. 772-773, id.
Ms conservé à la BNF, NAF 13967, 204.

a. ms : goëmon/*cette graphie, retenue par Littré, a été abandonnée par l'Académie (goémon).*

b. ms : mais il reste/*correction* SDE.

c. ms : mais elle le remporte/*correction* SDE.

d. ms : Mais l'autre/*correction* SDE.

67

Première publication : LP (NS), 4e année, n° 3, CCXCI, mars 1930.
Recueils : SDE, LIII, La beauté des formes vivantes ; Pr1, pp. 918-919, id.
Ms conservé à la BNF, NAF 13967, 345.

68

Date d'écriture : 25 mai 1921.
Première publication : LP, 1re année, n° 9, LX, 4/6/1921.
Recueils : CUP V, XXXI ; VDE, I La ruse de l'homme ; Pr2, 266 ; Lectures sur les problèmes de la pensée contemporaine, par Brunold et Jacob, Belin 1970, p. 453.

Ms conservé à la BNF, NAF 17694, 80.
a. ms : Mais moi/*nous suivons* CUP V. *et* VDE.

69

Premières publications : NRF 22e année, n° 242, 1/11/1933 ; LP (NS), 7e année, n° 11, LXXVIII, 25/11/1933.
Recueils : SDE, LVII, Les dieux agrestes ; Pr1, pp. 1179-1181, id.
Ms conservé à la BNF, NAF 13968, 273.
a. ms : faulx/*L'Académie a adopté la graphie faux en 1932.*

POUR SERVIR DE PROLOGUE

1. MÉTAPHORES DE LA NATURE

Les saisons et les fêtes

2. PREMIER MODÈLE D'UN ORDRE DE LA NATURE

Le Ciel

3. VÉRITÉ DE L'APPARENCE ET DÉTOUR THÉORIQUE

4. L'OCÉAN INSTITUTEUR ET L'EXISTENCE NUE

DU MÊME AUTEUR

Aux Éditions Gallimard

Propos

PROPOS SUR LES POUVOIRS, Folio Essais n° 1.

PROPOS SUR LE BONHEUR, Folio Essais n° 21.

LES SAISONS DE L'ESPRIT.

PROPOS. Tome I : édition établie par Maurice Savin (735 Propos choisis) avec une préface d'André Maurois ; tome II : édition établie par Samuel Sylvestre de Sacy (650 Propos choisis), Bibliothèque de la Pléiade n°s 116 et 217.

Œuvres

CORRESPONDANCE AVEC ÉLIE ET FLORENCE HALÉVY.

LES DIEUX, suivi de MYTHES ET FABLES et de PRÉLIMINAIRE À LA MYTHOLOGIE, Tel n° 90.

ÉLÉMENTS DE PHILOSOPHIE, Folio Essais n° 150 (édition complétée).

ENTRETIENS AU BORD DE LA MER. RECHERCHE DE L'ENTENDEMENT, Folio Essais n° 392.

MARS OU LA GUERRE JUGÉE, suivi de DE QUELQUES-UNES DES CAUSES RÉELLES DE LA GUERRE ENTRE NATIONS CIVILISÉES, Folio Essais n° 262.

PORTRAITS DE FAMILLE.

LE ROI POT.

SPINOZA et SOUVENIRS CONCERNANT JULES LAGNEAU, Tel n° 106.

SYSTÈME DES BEAUX-ARTS, Tel n° 74.

LES ARTS ET LES DIEUX. Édition établie par Georges Bénézé avec une préface d'André Bridoux comprenant *Histoire de mes pensées, Système des Beaux-Arts, Vingt leçons sur les*

Beaux-Arts, Entretiens chez le sculpteur, La visite au musicien, Lettres au docteur H. Mondor sur le sujet du cœur et de l'esprit, Stendhal, En lisant Dickens, Avec Balzac, Définitions, Préliminaires à la mythologie, Les dieux, Bibliothèque de la Pléiade n° 129.

LES PASSIONS ET LA SAGESSE. Édition établie par Georges Bénézé avec une préface d'André Bridoux comprenant *Les idées et les âges, Les sentiments familiaux, Les aventures du cœur, Souvenirs de guerre, Mars ou La guerre jugée, Souvenirs concernant Jules Lagneau, Abrégés pour les aveugles, Platon, Descartes, Hegel, 81 chapitres sur l'esprit et les passions, Entretiens au bord de la mer*, Bibliothèque de la Pléiade n° 143.

Chez d'autres éditeurs

Propos

PROPOS D'UN NORMAND, édition critique intégrale en dix tomes, avec le concours du C.N.L., Institut Alain/Klincksieck. Déjà parus :

Propos d'un Normand de 1906

Propos d'un Normand de 1907

Propos d'un Normand de 1908

Propos d'un Normand de 1909

Propos d'un Normand de 1910

Propos d'un Normand de 1911

Propos d'un Normand de 1912

Propos d'un Normand de 1913

Propos d'un Normand de 1914

PROPOS SUR L'ÉDUCATION. PÉDAGOGIE ENFANTINE, Presses Universitaires de France, collection Quadrige.

PROPOS SUR LES BEAUX-ARTS, Presses Universitaires de France, collection Quadrige.

STENDHAL, Presses Universitaires de France, collection Quadrige.

COURS DE PHILOSOPHIE, 1900-1901, Institut Alain

Œuvres, études et opuscules

ABRÉGÉS POUR LES AVEUGLES. *Portraits et doctrines des philosophes anciens et modernes*, Flammarion.

DE QUELQUES-UNES DES CAUSES RÉELLES DE LA GUERRE ENTRE NATIONS CIVILISÉES, Institut Alain/Klincksieck.

ESQUISSES D'ALAIN (préparation de cours), Presses Universitaires de France :

La conscience morale.

La recherche du bonheur.

HUMANITÉS, Presses Universitaires de France.

IDÉES. *Introduction à la philosophie : Platon, Descartes, Hegel, Comte*, Flammarion, collection Champs.

LETTRES SUR LA PHILOSOPHIE PREMIÈRE, Presses Universitaires de France.

MYTHES ET FABLES, Institut Alain/Klincksieck.

STENDHAL, Presses Universitaires de France, collection Quadrige (nouvelle édition augmentée).

THÉORIE DE LA CONNAISSANCE DES STOÏCIENS, Presses Universitaires de France.

SOUVENIRS DE GUERRE, Flammarion.

VINGT ET UNE SCÈNES DE COMÉDIE, Flammarion.

DANS LA COLLECTION FOLIO / ESSAIS

515 Belinda Cannone : *Le sentiment d'imposture.*
516 Claude-Henri Chouard : *L'oreille musicienne (Les chemins de la musique de l'oreille au cerveau).*
517 Stanley Cavell : *Qu'est-ce que la philosophie américaine ? (De Wittgenstein à Emerson, une nouvelle Amérique encore inapprochable* suivi de *Conditions nobles et ignobles* suivi de *Status d'Emerson).*
518 Frédéric Worms : *La philosophie en France au XXe siècle (Moments).*
519 Lucien X. Polastron : *Livres en feu (Histoire de la destruction sans fin des bibliothèques).*
520 Galien : *Méthode de traitement.*
521 Arthur Schopenhauer : *Les deux problèmes fondamentaux de l'éthique (La liberté de la volonté — Le fondement de la morale).*
522 Arthur Schopenhauer : *Le monde comme volonté et représentation I.*
523 Arthur Schopenhauer : *Le monde comme volonté et représentation II.*
524 Catherine Audard : *Qu'est-ce que le libéralisme ? (Éthique, politique, société).*
525 Frédéric Nef : *Traité d'ontologie pour les non-philosophes (et les philosophes).*
526 Sigmund Freud : *Sur la psychanalyse (Cinq conférences).*
527 Sigmund Freud : *Totem et tabou (Quelques concordances entre la vie psychique des sauvages et celle des névrosés).*
528 Sigmund Freud : *Conférences d'introduction à la psychanalyse.*
529 Sigmund Freud : *Sur l'histoire du mouvement psychanalytique.*
530 Sigmund Freud : *La psychopathologie de la vie quoti-*

dienne (Sur l'oubli, le lapsus, le geste manqué, la superstition et l'erreur).
531 Jared Diamond : *Pourquoi l'amour est un plaisir (L'évolution de la sexualité humaine).*
532 Marcelin Pleynet : *Cézanne.*
533 John Dewey : *Le public et ses problèmes.*
534 John Dewey : *L'art comme expérience.*
535 Jean-Pierre Cometti : *Qu'est-ce que le pragmatisme ?*
536 Alexandra Laignel-Lavastine : *Esprits d'Europe (Autour de Czeslaw Milosz, Jan Patočka, Istán Bibó. Essai sur les intellectuels d'Europe centrale au XXe siècle).*
537 Jean-Jacques Rousseau : *Profession de foi du vicaire savoyard.*
538 Régis Debray : *Le moment fraternité.*
539 Claude Romano : *Au cœur de la raison, la phénoménologie.*
540 Marc Dachy : *Dada & les dadaïsmes (Rapport sur l'anéantissement de l'ancienne beauté).*
541 Jean-Pierre Luminet : *Le Destin de l'Univers (Trous noirs et énergie sombre) I.*
542 Jean-Pierre Luminet : *Le Destin de l'Univers (Trous noirs et énergie sombre) II.*
543 Sous la direction de Jean Birnbaum : *Qui sont les animaux ?*
544 Yves Michaud : *Qu'est-ce que le mérite ?*
545 Luc Boltanski : *L'Amour et la Justice comme compétences (Trois essais de sociologie de l'action).*
546 Jared Diamond : *Le troisième chimpanzé (Essai sur l'évolution et l'avenir de l'animal humain).*
547 Christian Jambet : *Qu'est-ce que la philosophie islamique ?*
548 Lie-tseu : *Le Vrai Classique du vide parfait.*
549 Hans-Johann Glock : *Qu'est-ce que la philosophie analytique ?*
550 Helène Maurel-Indart : *Du plagiat.*
551 Collectif : *Textes sacrés d'Afrique noire.*
552 Mahmoud Hussein : *Penser le Coran.*
553 Hervé Clerc : *Les choses comme elles sont (Une initiation au bouddhisme ordinaire).*

554 Étienne Bimbenet : *L'animal que je ne suis plus.*
555 Sous la direction de Jean Birnbaum : *Pourquoi rire ?*
556 Tchouang-tseu : *Œuvre complète.*
557 Jean Clottes : *Pourquoi l'art préhistorique ?*
558 Luc Lang : *Délit de fiction (La littérature, pourquoi ?).*
559 Daniel C. Dennett : *De beaux rêves (Obstacles philosophiques à une science de la conscience).*
560 Stephen Jay Gould : *L'équilibre ponctué.*
561 Christian Laval : *L'ambition sociologique (Saint-Simon, Comte, Tocqueville, Marx, Durkheim, Weber).*
562 Dany-Robert Dufour : *Le Divin Marché (La révolution culturelle libérale).*
563 Dany-Robert Dufour : *La Cité perverse (Libéralisme et pornographie).*
564 Sander Bais : *Une relativité bien particulière...* précédé de *Les équations fondamentales de la physique (Histoire et signification).*
565 Helen Epstein : *Le traumatisme en héritage (Conversations avec des fils et filles de survivants de la Shoah).*
566 Belinda Cannone : *L'écriture du désir.*
567 Denis Lacorne : *De la religion en Amérique (Essai d'histoire politique).*
568 Sous la direction de Jean Birnbaum : *Où est passé le temps ?*
569 Simon Leys : *Protée et autres essais.*
570 Robert Darnton : *Apologie du livre (Demain, aujourd'hui, hier).*
571 Kora Andrieu : *La justice transitionnelle (De l'Afrique du Sud au Rwanda).*
572 Leonard Susskind : *Trous noirs (La guerre des savants).*
573 Mona Ozouf : *La cause des livres.*
574 Antoine Arjakovsky : *Qu'est-ce que l'orthodoxie ?*
575 Martin Bojowald : *L'univers en rebond (Avant le big-bang).*
576 Axel Honneth : *La lutte pour la reconnaissance.*
577 Marcel Gauchet : *La révolution moderne (L'avènement de la démocratie I).*
578 Ruwen Ogien : *L'État nous rend-il meilleurs ? (Essai sur la liberté politique).*

Composition Nord Compo.
Impression CPI Bussière
à Saint-Amand (Cher), le 2 décembre 2013.
Dépôt légal : décembre 2013.
1er dépôt légal dans la collection : septembre 2003.
Numéro d'imprimeur : 2006514.
ISBN 978-2-07-030278-9./Imprimé en France.